José "Pepe" Mujica
LES LABYRINTHES DE LA VIE

Dialogue avec Kintto Lucas

Tintají

Éditions Tintají, Quito, 2019

ISBN: 9798720666330

En Italie, il a été publié sous le titre José «Pepe» Mujica
I LABERINTI DELLA VITA. Dialogue avec Kintto
Lucas. Traduction de Lucilla Soro. Castelvechi
Publishing

À San Cono ...

José "Pepe" Mujica
LES LABYRINTHES DE LA VIE

Dialogue avec Kintto Lucas

QUELQUES PHOTOS

Kintto Lucas et Pepe Mujica à Guayaquil

Kintto Lucas avec Pepe Mujica et Lucía Topolansky lors de la présentation à Montevideo de son livre Tel Cuel… Le chemin de José Mujica vers la présidence

Kintto Lucas avec Pepe Mujica dans le bureau de la
résidence présidentielle de l'Uruguay

Kintto Lucas avec Pepe Mujica, l'ancien président
équatorien
Rafael Correa et l'ancien ministre équatorien des
affaires étrangères Ricardo Patiño

Pepe Mujica avec Kintto Lucas et l'ancienne sénatrice Constanza Moreira à Montevideo.

Pepe Mujica avec Tabaré Vázquez et Hugo Chávez

Quelle force nous avions! Quelle force!
Elle nous manque bien sûr. Et surtout, il nous
manque de ne pas pouvoir transmettre cette
force aux nouvelles générations.
Nous le vivons dans un moment, dans une
étincelle d'histoire. Dans le monde
d'aujourd'hui, c'est impensable. Tant de Don
Quichotte, tant de poésie, c'est impensable ...

José "Pepe" Mujica

INTRODUCTION
Par Kintto Lucas

1.

Punta Carretas

"La patrie nous appelle, Orientaux au front", tel était le slogan qui présidait au premier acte du Front large, en mars 1971. Il y avait un état de siège, une confrontation sociale et l'action de Tupamaro remettait en cause le pouvoir traditionnel avec sa corruption et sa fraude. La répression des secteurs de droite, des forces militaires et paramilitaires s'intensifie et le pays s'achemine vers une dictature qui sera consolidée en 1973.

C'est en 1971, à la prison de *Punta Carretas*, que j'ai rencontré José Pepe Mujica. À 8 ans, je visitais régulièrement la prison de Montevideo. Là-bas, avec Pepe, mon frère aîné, Enrique, a été arrêté pour appartenance au Mouvement de libération nationale - Tupamaros.

Les visites ont eu lieu le samedi et ce n'était presque jamais absent. Pour moi, c'était tout un rite: se lever à cinq heures du matin, prendre un bus, arriver bien avant l'heure, s'arrêter à la cafétéria située devant l'entrée de la prison, prendre un cappuccino avec des biscuits, qui était l'un des raisons pour lesquelles il ne manquait pas.

Ensuite, passez par la cabine d'inspection, rendez-vous à l'endroit où se trouvaient les détenus, discutez, partez, passez à nouveau par la cabine, atteignez la rue, marchez vers la côte et ressentez ce sentiment inexplicable que la mer et sa liberté ont produit en moi, puis revenez à la taupe avec sa fermeture.

Punta Carretas, était la prison de haute sécurité réservée aux tupamaros. À cette époque, la plupart des dirigeants étaient détenus avec Raúl Sendic à la barre. L'un de ces guérilleros emprisonnés était Pepe Mujica, qu'il a vu tous les samedis lors de la visite, jusqu'à l'évasion massive de septembre. À cette époque, personne ne pouvait imaginer que quelques décennies plus tard, il deviendrait président de l'Uruguay.

Mon frère avait été arrêté en juin 1971. Le samedi 4 septembre, nous l'avons emmené avec une paire de bottes qu'il avait commandée la semaine précédente. La joie était courante dans les visites, les blagues, les blagues ... Ce jour-là, l'ambiance était plus festive.

Dans l'adieu que "jusqu'à la semaine prochaine et bon week-end", ils ont mis un accent rare sur les prisonniers. Il y avait un optimisme qui se transmettait de l'intérieur vers l'extérieur. Quelque chose a annoncé. À l'aube du lundi 6, 106 guérilleros se sont échappés, qui ont traversé la rue à travers un tunnel construit pendant des mois.

Enrique, qui avait participé aux fouilles et à la construction du tunnel, aux côtés de Pepe Mujica et d'autres tupamaros, n'a finalement pas réussi à s'échapper. Il a changé de cellule la veille et a quitté sa place où il faisait face au tunnel. Il n'a pas eu de procédure judiciaire compliquée et il a été possible qu'en quelques mois, il puisse être exilé au Chili.

Pepe Mujica a été l'un des évadés. La visite du samedi avant l'évasion était la dernière fois que je l'ai vu au cours de cette brève période. Il faudra de nombreuses années avant que je le retrouve, d'abord comme militants lors de la reconstruction du MLN-T en 1985 puis comme collègues du journal *Mate Amargo*.

L'évasion, appelée "El Abuso", a été un coup dur pour le gouvernement et les forces répressives. Deux mois avant les élections nationales. *Punta Carretas* n'offrait plus de sécurité au régime. Pour cette raison, les travaux de mise en service de la prison de *Punta de Rieles* ont été précipités.

Ainsi, des semaines plus tard, avec les quelques tupas jugés plus "dangereux" qui restaient, Enrique serait transféré dans la nouvelle prison, qui ressemblait aux camps de concentration qu'il avait vus dans les films sur la Seconde Guerre mondiale.

Il y restera jusqu'en mars 1972, date à laquelle il sera déporté au Chili, où il rejoindra la direction de Tupamara à l'étranger. Parmi les fugitifs, beaucoup, dont Pepe, retourneront en prison quelque temps plus tard et seront emprisonnés pendant plus de 12 ans, d'autres seront assassinés par l'armée le 14 avril 1972 et certains iront à l'étranger.

Pepe a de nouveau été arrêté et est devenu l'un des neuf otages de la dictature uruguayenne. Pendant des années, nous avons essayé de garder une trace de ces neuf tupamaros, qui, par groupes de trois, ont été emmenés de caserne en caserne, restant longtemps isolés, parfois dans des réservoirs d'eau jusqu'à la taille, systématiquement torturés. Condamné à mort. Le MLN-T est vaincu, mais s'il prend des mesures, les otages seront exécutés. Lors de son arrestation, Pepe a été blessé par six balles.

Mon frère Enrique a pris la responsabilité de la propagande à la tête du MLN-T à Santiago. Entre autres activités, il s'est consacré à travailler sur un film intrigue qui transcenderait le monde montrer le processus tupamaro, réalisé par Costa Gavras et mettant en vedette Yves Montand, intitulé State of Siege.

Viennent ensuite les voyages à Cuba et la résidence subséquente à Buenos Aires en 1973, où il forme le Conseil révolutionnaire de coordination représentant le MLN-T, avec Miguel Enríquez du Mouvement de la gauche révolutionnaire (MIR) du Chili, l'Armée de libération nationale (ELN) de Bolivie et de l'Armée révolutionnaire populaire (ERP) d'Argentine. C'était une structure de guérilla qui a unifié les organisations révolutionnaires du Cône Sud. Après de multiples activités politiques, il dirigera l'ELN en Bolivie, qui luttait contre la dictature d'Hugo Banzer. Là, il mourra en septembre 1976, dans une confrontation avec l'armée bolivienne.

En 1980, j'ai dû quitter l'Uruguay et aller vivre au Brésil. Dans ce pays, comme dans de nombreux autres pays du monde, un travail de solidarité a été mené avec les prisonniers politiques uruguayens, en particulier avec les otages, que nous savions vivre dans des conditions extrêmes.

Les années de la dictature étaient presque sans fin. Il y a eu des moments où il nous a semblé difficile de tomber. Mais la persistance du peuple uruguayen a d'abord conduit à l'échec du projet constitutionnel militaire en 1980, puis à des mobilisations et des manifestations de masse qui ont mis les dictateurs en échec jusqu'à leur retrait négocié en 1985.

2.

Les « Mateadas »

En mars 1985, après le retour à la démocratie, les prisonniers politiques, y compris ceux qui faisaient partie de la direction historique du MLN-T, étaient affectueusement appelés vieillards. Le lent retour des exilés a également commencé. La reconstruction du MLN a immédiatement commencé. Peu croyaient que cela serait possible, compte tenu des différentes expériences vécues par les milliers de militants en prison, en exil et à l'intérieur du pays.

Cependant, petit à petit, marchant de quartier en quartier, maté à la main, ils ont commencé à parler aux gens. C'est ainsi que les «Mateadas» ont émergé, une sorte de petits actes dans lesquels certains de ceux qui étaient des otages parlaient avec les gens.

Je suis retourné en Uruguay au milieu de 1985 et j'ai rejoint le MLN en tant que militant, dans le travail de quartier, les "Mateadas" et le *Frente Amplio*. À cette époque, malgré le fait que nous appartenions à différentes régions, nous avons souvent rencontré Pepe dans des activités centrales, et l'un des sujets dont nous avons toujours discuté était de savoir comment parvenir à l'insertion sociale et politique à l'intérieur du pays, où le travail de la gauche.

La même année, Mate Amargo est fondé, un journal bimensuel de Tupamaro ouvert aux secteurs de gauche et progressistes des partis traditionnels. En peu de temps, il est devenu le journal le plus vendu en Uruguay. Dans la quinzaine, Pepe était chroniqueur et j'ai écrit des articles sur la réalité sociale et économique des quartiers de Montevideo et de l'intérieur du pays.

Pendant des années, j'ai visité des quartiers et des appartements. Cette activité m'a rapproché du travail politique et social avec l'intérieur du pays, dont nous savions qu'il était essentiel pour un jour la gauche de venir au gouvernement. A cette époque, nous avons souvent rencontré Pepe au siège du journal ou du MLN pour parler de la réalité de l'intérieur. Bien que nous ayons également parlé de la réalité politique, la question de l'intérieur nous préoccupait tous les deux, tout comme Raúl Sendic.

L'intérieur de l'Uruguay jusqu'à ce moment a été presque oublié par la plupart de la gauche. Pepe et moi, comme beaucoup d'autres, suivant les stratégies développées par Sendic, nous supposons à partir de nos tranchées journalistiques et politiques pour revendiquer cette région du pays et aider à positionner la gauche dans un endroit pris par la droite. Nous avons parlé des formes, des langues, des stratégies et des symboles, nécessaires pour conquérir le cœur des Uruguayens "de l'extérieur".

Les «Mateadas» étaient un outil d'accumulation permanente, de lien avec les gens, de participation. C'était une sorte de cours intensif de pratique politique pour les jeunes. Le travail dans les quartiers et l'intérieur a consolidé cette pratique.

3.

L'héritage de Raúl Sendic

En décembre 1987, au stade *Luis Franzini* de Montevideo, le premier grand événement de *Tupamaro* a eu lieu, après le rétablissement de la démocratie. C'était aussi la première fois que Sendic parlait en public. Des mois auparavant, il s'était rendu à Cuba pour subir un traitement sur la bouche et le visage, car lors de son arrestation en 1972, il avait été blessé à la bouche et n'avait jamais reçu de traitement adéquat. La torture systématique a plutôt aggravé la situation.

Malgré l'accumulation de deux ans, il y avait une certaine attente pour l'acte. Les gens arrivaient peu à peu, et quelque chose qui semblait impossible en cet été de Montevideo s'est finalement produit: 22 000 personnes ont rempli le stade.

D'une certaine manière, en raison de la réponse politique et sociale qui a été donnée, nous pensions que beaucoup de gens viendraient, mais pas la pensée la plus optimiste quant au remplissage du stade. Nous nous regardâmes tous un peu surpris. L'événement a été ouvert par Pepe, Eleuterio Fernández Huidobro a suivi et Raúl Sendic a fermé.

Cette journée a placé bon nombre d'entre nous dans la dimension sociale et politique de ce qui pourrait se produire à l'avenir. Pour certains comme moi, qui ressentaient l'engagement politique envers les secteurs populaires presque depuis l'enfance, c'était une sorte de rupture, de localisation dans une réalité avec laquelle il fallait être cohérent et responsable.

Avec mon intérêt, depuis ces années, à toujours regarder stratégiquement, je me souviens avoir dit à Raúl que cet acte marquait le terrain pour les jeunes vers l'avenir. Sendic avec cette tranquillité qui le caractérisait, et sa sagesse m'a dit: «peut-être oui, mais cela dépendra beaucoup de nous et de vous, le plus jeune. Dans tous les cas, l'important est que vous soyez toujours vous et ne perdez jamais votre rébellion, car il est facile d'être un bureaucrate politique, il est difficile de maintenir la rébellion face à l'injustice. »

Le slogan "*Frente Grande*: une réponse du peuple", résumait une proposition révolutionnaire politique, sociale et économique, qui a déplacé la parole vers la gauche uruguayenne, qui commençait tout juste à se situer dans une nouvelle période démocratique avec des retards de tutelle militaire.

Lorsque Raúl Sendic a été libéré de prison, sa pensée a misé sur la formation d'un grand front qui allait au-delà du large front et englobait tous les secteurs sociaux et politiques progressistes du pays. Lorsque Sendic a parlé d'élargir le Front, il faisait référence à une consolidation sociale et politique qui ne cédait pas aux principes

Il y a trois personnages qui ont marqué l'histoire du 20ème siècle uruguayen: José Batlle y Ordóñez parce qu'il savait comment renforcer l'État pour réaliser des politiques et des lois sociales, industrialiser le pays pour le relever et dire à l'Église de se consacrer à sauver des âmes si c'est le cas qu'il pouvait le faire; Aparicio Saravia, car il a donné l'avertissement sur l'oubli du champ avec le projet *Batllista* et Raúl Sendic pour avoir sauvé l'Uruguay des producteurs de canne à sucre, des riziculteurs, les autres, et montrant le déclin de la "Suisse d'Amérique".

Enterré vivant pendant ses années de prison, il a su écrire des essais économiques sur des feuilles de cigarettes que peu auraient pu faire dans ces conditions. À sa sortie de prison, il s'est consacré à la recherche et à l'écriture sur des questions économiques qui sont actuellement discutées par les économistes. Les lettres à ses enfants étaient de véritables traités sociologiques.

Il faut recourir à ses articles rédigés il y a trente ans pour voir comment il a anticipé les crises bancaires qui se sont ensuite produites dans différents pays, alors qu'il a placé le problème de la dette extérieure au centre du débat dans ses écrits déjà en prison, comme il l'a analysé avant l'explosion migratoire qui se produirait des années plus tard et l'irruption de la violence des jeunes urbains en raison de l'appauvrissement et de l'augmentation du trafic de drogue, entre autres événements, et de la façon dont il considérait l'Amérique latine.

En plus de cela, sa clarté politique et son éthique de lui la figure la plus importante de la gauche uruguayenne au XXe siècle et l'un des grands leaders révolutionnaires d'Amérique de ce siècle.

Sendic est décédé le 28 avril 1989, dans un hôpital parisien, à l'âge de 63 ans, victime de la maladie de Charcot causée par des sévices pendant ses quatorze ans de prison inhumaine. « El Bebe », comme nous l'appelions, était un leader incomparable, l'image éthique de la politique. Des dizaines de milliers de personnes se sont rassemblées pour faire leurs adieux au grand chef.

J'ai dû écrire un article pour *Mate Amargo* avec des entretiens avec des dirigeants sociaux, mais j'ai eu du mal à le faire. Dans ce labyrinthe du quartier général du MLN, j'ai rencontré Pepe, découragé par la mort du camarade. Je lui ai dit que je n'avais pas vraiment envie d'écrire. Puis il m'a dit: «El Bebe » était d'abord un compatriote, un gars qui, comme personne à gauche, a compris l'oubli de l'intérieur, parle à des gens qui viennent de l'extérieur et ne se laissent pas emporter par la tristesse du moment. « El Bebe » nous a laissé une histoire, il nous a laissé une façon de faire de la politique liée à l'éthique. C'est maintenant à vous et aux gens de votre génération de faire leur propre histoire, en se souvenant de ce qui doit être rappelé, mais le meilleur hommage est qu'ils font leur histoire sans copier personne. »

Au-delà de ces mots et d'autres conversations que nous avons eues plus tard sur Sendic, à *Mate Amargo*, nous avons eu diverses anecdotes avec Pepe, mais il y en a une très spéciale en raison de la symbolique, qui mérite d'être rappelée.

4.

Chiffon d'Artigas

C'était en septembre 1989, nous étions dans un petit bureau bimensuel. Ce jour-là, nous avons dû quitter notre thème récurrent pour parler d'un événement qui s'était produit vingt ans auparavant: la prise de la ville de Pando par les commandos de Tupamaros, dont il était l'un des protagonistes.

Avec deux autres collègues journalistes, nous avons préparé un spécial sur le sujet. Nous avons donc mis en place une conversation collective afin que, avec d'autres collègues qui ont participé à la prise, il raconte sa mémoire de cette action de guérilla menée le 8 octobre 69 en hommage au Che, deux ans après sa mort.

Un discours sans mythes, sans faux héroïsme, un discours sur la vie qu'ils devaient vivre. Diverses anecdotes et petites histoires, croisées avec la mémoire de ceux qui sont morts ce jour-là.

En lui disant que certains se souvenaient encore quand au milieu de la route il a sorti des choses de son sac et commencé à assembler une étoile, il a fait un petit sourire malicieux qui le caractérise jusqu'à aujourd'hui et a dit: il y avait un problème avec les armes parce qu'il avait été dit que personne ne portait d'armes longues, mais de nombreux collègues sont apparus avec des fusils ... et ont de nouveau souri.

Son groupe a dû prendre le central téléphonique de la ville et couper les communications: les fonctionnaires ont été réduits, emmenés dans une pièce, puis deux guérilleros ont coupé les câbles sur le toit. Il rit de nouveau et expliqua que cela ne suffisait pas. Il a ensuite ajouté: nous devions parler aux opérateurs et leur demander de collaborer.

Quelques jours plus tard, le vieux Pepe et la direction du MLN ont évalué la prise de contrôle de la ville: là, nous avons réalisé que bien que nous ayons subi une défaite militaire, c'était une victoire politique. Le prestige a augmenté et de nombreuses personnes ont commencé à se rapprocher de l'organisation. L'effet que je cause. Il y a même quelques anecdotes qui illustrent cela.

Par exemple, un garçon qui a marché derrière un compagnon sans savoir qu'elle était une tupa, pour devenir la guérilla fatale, s'est blessé au bras et a dit qu'il l'avait fait à Pando. Au lieu de la conquérir, il a réussi à l'empêcher de lui donner plus de balles et il a décollé ... (il a éclaté de rire). Mais maintenant, à vingt ans, je pense que prendre Pando aurait dû être beaucoup mieux fait ...

Soudain, Pepe se racla la gorge et il y eut un silence, comme un profond respect pour le vieil homme, qui à l'époque n'était pas tellement mais nous le supposâmes tous. Certains yeux rencontrèrent une certaine complicité en attendant ses mots.

Là, juste en buvant un compagnon, à voix basse, il nous a condamnés: c'était la première fois que l'organisation utilisait un drapeau. Lorsque nous avons planifié, voyant que nous allions prendre un poste de police, nous avons réalisé qu'une banderole était nécessairement nécessaire. Et nous ne les avions pas! Parce que contrairement à ces groupes ou partis, où tout est créé avant d'avoir le contenu, dans le MLN, les choses ne se faisaient pas de cette façon. Nous étions une organisation révolutionnaire avec des années de combats et il nous manquait un drapeau. Il fallait ensuite le créer, la nécessité l'exigeait.

Nous en avons discuté et la vérité est que cela n'a pas nécessité beaucoup de discussions, nous l'avons résolu facilement: l'idée d'utiliser la bannière artiguista (se référant au libérateur uruguayen Artigas) est apparue immédiatement ... Don José Artigas, rebelle et combattant est né de nouveau ... Et là, il claquait sur le mât du commissariat de police de Pando. Cent cinquante ans plus tard, deux générations ont fusionné dans la lutte. Après que ce drapeau ait flotté de plusieurs côtés, ce n'est pas une mince affaire. Maintenant, il y a le chiffon ...

Ni quand nous avons eu cette conversation à Mate Amargo, personne ne pouvait imaginer que Pepe deviendrait président, je pense même pas un législateur. Cette possibilité ne semble pas être dans l'esprit de nombreux collègues.

5.

La rébellion d'Hugo Chávez

Jusqu'en 1992, nous étions partenaires avec
Pepe dans le MLN-T et à *Mate Amargo*. En
mai de la même année, j'allais vivre en
Équateur. Mais quelques mois avant mon
voyage, un autre événement s'est produit qui a
croisé notre chemin. Tout juste débuté en
février, nous étions dans la salle de rédaction,
fermant les dernières pages, lorsque soudain la
nouvelle d'un soulèvement militaire au
Venezuela est apparue.

L'information était confuse et la spéculation était rapide. La droite a parlé d'une tentative de coup d'État, une grande partie de la gauche a comparé les rebelles aux « carapintadas » argentines qui avaient imposé leur regard fasciste aux gouvernements de Raúl Alfonsín et Carlos Menem, beaucoup ne comprenaient pas ce qui se passait et certains ont décidé de revendiquer le droit de douter.

Bien que le journal soit presque fermé, nous ne pouvions pas ignorer le fait: nous avons dû écrire à ce sujet et j'ai accepté le défi. Pepe a souri, parce que personne ne voulait «attraper ce cochon» et sans savoir ce qu'il allait écrire, il m'a soutenu. Dès le début, je n'ai pas cru qu'il s'agissait d'une tentative de coup d'État comme celles que nous avions subies dans le sud du continent. La langue utilisée n'était pas non plus similaire à celle des « carapintadas », et le gouvernement corrompu de Carlos Andrés Pérez, qui creusait l'écart entre riches et pauvres, n'inspirait aucune confiance.

Le mieux était de commencer par le langage: analyser d'abord l'image des événements et leur issue, puis surtout voir ce qui se cachait derrière les mots écrits et prononcés dans les proclamations des rebelles.

De l'analyse des faits, il est apparu qu'il ne s'agissait pas d'une tentative de coup d'État car le pouvoir appartenait au haut commandement, qui est ressorti triomphant à court terme en réprimant les rebelles, en défendant l'ordre établi par la corruption entourant Carlos Andrés Pérez. Comme auparavant, il avait défendu des propriétés privées par le sang et le feu avant l'arrivée des désespérés qui descendaient des collines du « Caracazo » (se référant à la rébellion populaire de Caracas en février 1989). Si quelqu'un pouvait frapper, c'était précisément le haut commandement.

Mais c'est en étudiant les mots que les données les plus pertinentes ont émergé. Si j'avais regardé le discours des rebelles d'un point de vue traditionnel de gauche, j'aurais peut-être été déçu parce qu'ils n'ont pas confirmé la classe ouvrière, ni Marx, ni Cuba. Ils ont seulement revendiqué l'éthique de la lutte contre la corruption et l'image de Bolívar.

Mais ce n'était pas grand-chose si l'on tient compte du fait que les « carapintadas » ont également revendiqué la lutte contre la corruption et l'image de San Martín, et la dictature uruguayenne a également revendiqué Artigas.

Cependant, lors de l'analyse de chaque paragraphe, des différences ont commencé à apparaître entre le discours de syntaxe fasciste des « carapintadas » et celui des officiers vénézuéliens qui, bien que n'étant pas clairement définis idéologiquement, ont démontré un lien avec l'histoire des luttes populaires.

En assemblant les pièces du puzzle, j'ai trouvé ce discours différent de celui des militaires dans le cône Sud, j'ai trouvé un gouvernement corrompu soutenu par un dôme militaire usé, j'ai trouvé un modèle économique qui consommait la richesse du pétrole parmi peu, j'ai trouvé le « Caracazo » comme une réponse inorganique à ce modèle, et la répression comme une réponse organique au désespoir du peuple. J'ai aussi retrouvé le fantôme d'une gauche perdue dans le discours de la social-démocratie.

Au moment d'écrire ces lignes, j'ai commencé avec le langage et j'ai choisi de rejeter complètement l'image du coup d'État, en supposant celle d'une rébellion. J'ai également choisi de développer l'analyse du discours et de soutenir que le fait lui-même révélait un mécontentement à l'égard du leadership politique et économique d'un pays dévasté par la pauvreté. J'ai également expliqué que les rebelles étaient un produit purement vénézuélien, issu du Venezuela, sans regard étranger.

Il n'y avait ni « carapintadas », ni comploteurs de coup d'État, ni militaires péruviens ou péronistes. Ce n'était pas un processus qui pouvait être classé dans les paramètres traditionnels. Cependant, le germe d'une nouvelle perspective pouvait être perçu, non pas aussi idéologique que nous étions habitués, mais enraciné dans la défense de la souveraineté, étroitement liée à une raison d'être nationale et profondément populaire. La base d'un processus historique différent qui se déroulait au Venezuela et dans un secteur des forces armées de ce pays.

Lorsque *Mate Amargo* était dans les kiosques, de nombreuses connaissances de la gauche uruguayenne m'ont appelé pour dire qu'il donnait à un chef de coup d'État la place qu'il ne méritait pas, ils ont également défendu Pérez et répudié cette rébellion. Ainsi, comme les médias grand public, ils ont opté pour le langage du pouvoir.

Jorge Zabalza, rédacteur en chef du journal à l'époque, et Pepe et d'autres collègues étaient d'accord avec mon article. Des années plus tard, Pepe établira une grande amitié avec Hugo Chávez, et je devrai travailler avec eux deux dans le processus d'intégration latino-américain.

6.

Le lien avec l'Équateur

Après avoir voyagé en Équateur, nous n'avons pas perdu la communication, mais nous avons perdu l'échange le plus fréquent. Lorsque je me suis rendu à Montevideo, nous avons parfois parlé de la politique uruguayenne et du progrès de la gauche, mais un nouveau sujet apparaîtra: la lutte du mouvement indigène équatorien, qui en Uruguay a suscité la curiosité.

Pepe, a gardé une trace des luttes en Equateur et de mes pas dans le pays andin. Depuis mon arrivée à Quito, j'étais liée au mouvement indigène, j'ai participé à des mobilisations et des soulèvements, soit en tant que journaliste engagé, soit en tant que militant. En plus du lien familial, le travail étroit avec les luttes sociales m'a lié à un pays où je pensais que je ne serais qu'un an, parce que je ne voulais pas être loin de l'Uruguay pendant longtemps.

Intéressé par les processus d'Amérique latine, chaque fois que je suis allé en Uruguay, je me suis interrogé sur les aspects organisationnels, les liens avec la production, le problème foncier, le problème culturel, les formes de lutte. Il s'est identifié à un mouvement qu'il ne connaissait pas. Il savait que lui et le peuple indigène de l'Équateur faisaient partie des "autres". Petit à petit, avec Julio Marenales, l'un des grands dirigeants du MLN-T, également otage de la dictature, nous avons aidé à établir un lien entre certains secteurs du mouvement indigène équatorien et le MLN-T.

7.

Le "phénomène Pepe"

Lors de la campagne pour les élections présidentielles d'octobre 2004, une controverse a éclaté sur la popularité de Pepe Mujica. Son augmentation de l'intention de voter a conduit les chefs des partis traditionnels à mener une sale campagne d'attaques, lancée par l'ancien président Julio María Sanguinetti,

Des mois auparavant, les chefs des partis traditionnels ont refusé de l'attaquer parce qu'ils pensaient, ou étaient informés, qu'il était contre-productif, mais cette attitude n'a pas empêché sa croissance. À cette occasion, après avoir subi plusieurs attaques, Pepe a réagi. Dès que j'ai vu cette réaction, je lui ai écrit, ainsi qu'à ses collègues, de ne pas réagir parce que c'était ce que voulaient ses détracteurs. J'ai souligné que la meilleure façon était de se moquer.

Douchés d'une part, et conseillés par leurs conseillers marketing, ces politiciens voulaient que Pepe se fâche et réagisse pour entrer dans une confrontation et tenter de le discréditer. A cette époque, j'ai écrit un article qui a eu des répercussions importantes, dans lequel j'ai parlé du mépris de ces secteurs de la droite, même de certaines ampoules frontales, envers d'autres comme Pepe.

La droite, et même certains secteurs de la gauche, ont justifié le soutien électoral à l'ancienne guérilla, dans le cadre d'un phénomène médiatique qu'ils ont appelé «Phénomène Pepe Mujica». Ainsi, ils ont tenté de vider leurs actions politiques et leurs propositions de contenu.

Avant le «phénomène Pepe Mujica» au niveau des médias, il y avait une action conforme à certains principes, mais surtout fondamentale:

la récupération de l'intérieur en tant que secteur humain et zone géographique qui fait vivre le pays, la récupération de l'homme et la femme de l'intérieur comme facteur de construction d'un pays intégré avant l'insertion du pays dans un monde globalisé, et la reprise de l'intérieur comme facteur très important de construction d'un pays productif.

J'ai écrit à Pepe de l'Équateur, commentant cette vision d'une partie de la gauche uruguayenne, toujours si montevidienne qu'il a oublié l'intérieur. J'ai dit qu'il lui est difficile de devenir boueux parce qu'il a peur de la boue. Cette phrase a attiré son attention et il me le rappellera des années plus tard lorsqu'il se présenta à la présidence et j'écrivis sur l'émergence des «autres» dans la politique latino-américaine.

Pepe Mujica a su voir la question cruciale de l'oubli «interne», qui revient à dire «oublier l'autre», le «différent», que ceux qui ont hégémonisé la construction culturelle ont laissé de côté. En Équateur, l'irruption des peuples autochtones dans la vie sociale et politique du pays signifiait l'irruption de «l'autre», des différents, qui ont pris leur place dans l'histoire.

La réalité plurielle du pays s'est manifestée lorsque les autochtones sont devenus un acteur important de la vie sociopolitique. Ensuite, on a supposé que «l'autre» existe et qu'il a ses différences et ses droits, et qu'il doit être respecté pour construire un pays plus intégré. Cette manifestation a une image ethnique marquée par les caractéristiques de l'Équateur et du monde andin.

En Uruguay, où le peuple indigène a été exterminé par le fondateur du parti Colorado, «l'autre» a une image «interne» avec tout ce qu'il représente. Lorsque José Mujica fait irruption au Parlement uruguayen, il est «l'autre» qui commence à prendre une place réservée presque exclusivement à ceux qui buvaient du whisky importé.

C'est l'émergence de «l'autre» dans la politique uruguayenne. Mais cet «autre» a une particularité, en plus de son ascendance interne, il a une formation intellectuelle qui lui permet de se déplacer dans n'importe quel domaine et de grandir n'importe où.

Lors de la campagne électorale de 2004, on a vu une irruption des villes de l'intérieur qui a commencé à cesser de consommer de la politique pour commencer à la construire, c'était l'irruption définitive de `` l'autre " en tant que protagoniste de la vie sociopolitique uruguayenne. La figure de José Mujica a grandi parce qu'il savait comment comprendre «l'autre», et il l'a compris parce qu'il savait en faire partie.

Sans trop idéologiser, avec la théorie et la pratique, et avec beaucoup de bon sens. Comprendre que la réalité doit être changée de la vie quotidienne, car c'est là que les relations de pouvoir commencent à changer, où un imaginaire différent commence à se construire, ce qui contribue à construire une société différente. Le mépris de «l'autre» est comme le mépris de l'argile. Bien que l'argile soit toujours le meilleur matériau à construire.

Enfin, le Front large a remporté les élections pour la première fois. Tabaré Vázquez était le nouveau président, Pepe a été élu sénateur et son secteur a eu un grand vote. Cependant, cette campagne a fait peur à de nombreux citoyens.

8.

Vers la présidence

À cette époque, j'ai fait une entrevue avec Pepe pour un journal de gauche que j'ai dirigé en Équateur, appelé *Tintají*. Nous abordons certaines questions politiques. Concernant le Mouvement de libération nationale - Tupamaros m'a assuré que s'il continuait d'exister, c'était pour avoir maintenu sa dignité et ses principes, et en même temps pour avoir su faire preuve de souplesse, entre autres parce qu'il n'était jamais un parti mais un mouvement. "Pour nous, la flexibilité, l'ouverture, ont toujours été un budget."

Puis il a ajouté: "Nous ne nous trompons pas substantiellement en matière de ligne, et cela rend notre interprétation de ce que signifie la libération nationale. C'est une question dans laquelle la gauche est tombée dans des confusions différentes, par exemple, pensant que la libération nationale est la même chose que le socialisme. " Et il a illustré: "La Suède est sûrement un pays qui a fait sa libération nationale, ce qui ne veut pas dire qu'il va vers le socialisme".

Pour Mujica, la réalisation de cet objectif intermédiaire a permis "de faire des alliances honnêtes avec de vastes secteurs et d'avoir un discours ouvert, mais en maintenant les principes. Des alliances et des discours qui socialisent d'une certaine manière mais souffrent des contradictions d'un processus de libération nationale. Nous devons négocier accords, de nombreux accords. "

Pourtant, il a admis que la libération nationale ne représente qu'une étape. "Cela ne veut pas dire que l'histoire y soit finie, mais pour nous, cela a toujours été déterminant et préalable. Je suis plus proche de Marx que de Lénine, car je ne crois pas qu'une société pauvre, soumise intellectuellement et sans formation élevée puisse envisager la construction d'une société supérieure. Si vous le souhaitez, vous pouvez construire un monstre, comme cela s'est déjà produit. "

En décembre 2007, de retour en Uruguay, j'ai de nouveau rencontré Pepe, qui était ministre de l'Élevage. Le retour en Uruguay a toujours comporté une découverte et une redécouverte, d'autant plus s'il s'agissait de passer près d'un mois dans le pays comme cela n'avait pas été le cas depuis longtemps, et à une époque où un processus politique intéressant se déroulait avec le gouvernement *Frente Amplio*, bien qu'avec les propres contradictions des processus menés par de larges mouvements dans les politiciens et les multiculturalistes dans le social.

Lors de ce voyage, c'est la dernière fois que j'ai vu Mario Benedetti recevoir une décoration du président vénézuélien Hugo Chávez dans le vieil Auditorium bien-aimé de l'Université de la République, monument historique des luttes populaires de l'Uruguay et de l'Amérique latine, où Che et tant de voix communes d'étudiants et de travailleurs ont été forgées.

Ces jours en Uruguay ont suffi pour entrevoir que Pepe Mujica avait tout pour être le futur président de l'Uruguay. Pepe avait non seulement la capacité de dialoguer, d'unifier les critères et d'interpréter l'idiosyncrasie uruguayenne comme peu d'autres. Mais il était également devenu la porte d'entrée principale des personnes à l'intérieur du pays qui avaient auparavant fui par la gauche.

Avec plus d'expérience, philosophe de la vie, homme de la campagne et de la ville, génie du bon sens, Mujica avait réussi à transcender la ligne de front du Front large pour devenir un leader national.

À cette époque, nous avons discuté avec Pepe du processus intéressant qui s'ouvrait en Équateur après l'élection de Rafael Correa, qui a toujours contribué avec ses analyses pour *Tintají* et avec l'installation de l'Assemblée constituante. En parlant de la réalité uruguayenne, je lui ai dit que j'avais tout pour être le prochain président.

Peut-être que la distance m'a fait voir une réalité que beaucoup de collègues du MLN-T ne voyaient pas. Quelques jours plus tard, j'ai écrit un article analysant cette possibilité. Il restait deux ans pour les élections, avec un travail plus accentué du militantisme, le renforcement d'une image éthique devant l'opinion publique et une meilleure communication avec les jeunes en assumant leur langue et leurs revendications, en un an, ce serait la meilleure option de première ligne.

Je ne doutais pas que Pepe Mujica allait être le président, mais de nombreux collègues ont ri. Ils m'ont dit: c'est ton cœur ton père qui te fait voir ça, mais il lui est impossible de devenir candidat puis président. Ne mettez pas ces idées dans l'esprit du vieil homme. Comme ma façon d'être me fait agir selon ce que je pense, j'ai insisté sur l'option et j'ai travaillé pour la positionner publiquement. Pepe l'a pris humblement, mais n'a pas rejeté la proposition.

À mon retour en Équateur, en janvier 2008, je suis allé en tant que conseiller à la Commission de la souveraineté, de l'intégration et des relations internationales de l'Assemblée constituante, où je serai jusqu'à sa promulgation de la nouvelle Constitution en juillet. Puis j'ai intensément milité dans la campagne pour son approbation lors d'un plébiscite en septembre de la même année.

En mars 2009, lors d'une interview pour un réseau de stations de radio en Équateur, à laquelle j'ai posé une question, Correa a déclaré que l'élection de Pepe Mujica à la présidence de l'Uruguay en octobre de la même année serait un signe de l'approfondissement des changements dans ce pays.

"Une éventuelle élection de José Mujica, signifierait un approfondissement des changements qui ont lieu en Amérique latine et plus précisément en Amérique du Sud et en Uruguay", a déclaré le président équatorien, notant que les changements avaient commencé avec Tabaré Vázquez.

Correa a fait un parallèle entre le sens que l'élection de Pepe aurait et celui que l'arrivée de Nelson Mandela au gouvernement avait à l'époque pour l'Afrique du Sud, et a dit qu'il serait le Mandela uruguayen. Le président équatorien a souligné les processus de changement en Amérique du Sud, avec des gouvernements qui font le plus gros investissement social depuis des décennies, car ils ont une option claire pour les pauvres.

A cette époque, selon les sondages pré-électoraux en Equateur, Rafael Correa serait réélu au premier tour des élections présidentielles prévu le 26 avril, avec les règles de la nouvelle Constitution. Alors qu'en Uruguay, les sondages ont indiqué que José Mujica remporterait les élections primaires du chef du gouvernement *Frente Amplio* en juin et qu'en octobre, il pourrait être élu président du pays.

Rafael Correa et José Mujica ont tous deux manifesté un intérêt manifeste pour le renforcement de l'intégration de l'Amérique latine. "La clé de la reconstruction de la société latino-américaine est de briser le néolibéralisme et de le remplacer par une coexistence basée sur la coopération et la solidarité sociale", a déclaré Correa. De son côté, lors du lancement de sa campagne à Montevideo, Mujica a salué le gouvernement de Rafael Correa et d'autres présidents de gauche en Amérique du Sud.

«Le sort de ceux qui vivent compte, comment ils vivent, c'est pourquoi grâce aux Tabaré (Vázquez), aux Lula (Da Silva), aux Evo (Morales), aux (Rafael) Correa, à ceux qui combattent comme ils peuvent et sacrément.

Ils ouvrent un horizon différent que nous ne pouvions même pas imaginer il y a 30 ans ", a déclaré José Mujica.

«Gouverner avec une vision progressiste, c'est reprendre chaque jour, former des alliances en permanence, essayer d'élargir autant que possible la base de soutien, essayer de résoudre les contradictions les plus dangereuses, s'inquiéter des salaires, s'inquiéter jour après jour du travail, s'inquiéter car la tranche épaisse ne condamne pas les autres à la famine », avait alors assuré le chef tupamaro.

À cette époque, je me suis senti réconforté de contribuer à l'approche entre Pepe et Correa, et entre la gauche uruguayenne et équatorienne.

9.

Tel quel...

Quelques jours plus tard, j'ai écrit un article intitulé "Pepe tel quel ..." qui analysait l'authenticité de Mujica.

Juan Carlos Onetti a dit un jour: «La chose la plus importante que j'ai à propos de mes livres est un sentiment de sincérité. D'avoir toujours été Onetti. De n'avoir jamais utilisé aucune astuce ... de ne jamais m'être trompé ou d'avoir trompé quelqu'un d'autre Toutes les faiblesses que l'on retrouve dans mes livres sont mes faiblesses et sont de vraies faiblesses. »

Je pense que c'était dans une interview avec María Esther Gilio. Si quelqu'un a lu le travail d'Onetti et lu sa vie, il ne fait aucun doute qu'il en était ainsi. Son travail est le reflet de sa vie et sa vie est le reflet de son travail. Par exemple, il ne lui serait jamais venu à l'esprit de faire de Santa María une ville de feuilletons.

Il ne fait aucun doute que lorsque vous écoutez José Mujica parler, vous remarquez un sentiment de sincérité et percevez immédiatement que Mujica a toujours été Mujica, qu'il n'a utilisé aucun truc ... qu'il ne s'est pas trompé sur lui-même ou sur quiconque, et que toutes les forces et les faiblesses que l'on retrouve dans son discours et dans ses actions sont ses forces et ses faiblesses.

Quand les gens votent pour Mujica, ils savent qu'ils votent pour quelqu'un qui ne s'est jamais trompé sur lui-même ou sur quelqu'un. Et si nous analysons un peu cette authenticité, nous la trouverons peut-être au fond de quelque chose que certains appellent uruguayen. Cette chose étrange que parfois nous ne savons pas ce que c'est, mais nous savons qu'elle existe lorsque le tambour sonne, ou une «murga» apparaît sur scène, ou nous voyons des jeunes faire une plongée, ou nous entrons dans l'Auditorium de l'Université ou le Hall of Lost Steps …

Ces jours-là, je suis allé travailler au ministère de coordination de la politique du gouvernement Correa, où j'ai créé le conseil de stratégie politique. J'y ai passé des mois, mais en juin je suis allé à Montevideo pendant une semaine pour participer aux élections internes du *Frente Amplio*.

En octobre, avant l'élection présidentielle, j'ai quitté le gouvernement équatorien et suis allé participer à la campagne électorale de Pepe. Je ne pouvais pas arrêter de participer. Pepe a remporté les élections au deuxième tour contre Luis Alberto Lacalle et le *Frente Amplio* avait une majorité parlementaire. Fin novembre, après le deuxième tour, j'ai écrit une lettre ouverte à Pepe intitulée "Notes pour une lettre à un président de compagnie" qui disait:

Cher compagnon José Mujica, Old Pepe:

Il y a des sentiments et des sentiments mitigés pendant ces heures. Je pense au drapeau géant d'Otorgués qui arrive à Ejido sur la vieille plage de Ramírez après tant de rencontres et de désaccords dans mon monde en tant que gourou. Des centaines, des milliers de drapeaux. La lune se lève et la brise apporte un air frais comme celui apporté par les jeunes à cette campagne électorale. Les jeunes ont donné une leçon, si souvent apprise et non apprise: vous ne pouvez pas aller et venir de la ville, vous devez marcher à leurs côtés.

Voir Galeano converser avec vous la veille du scrutin, dans un endroit plein de gens de divers pays des Amériques ci-dessous, et sentir qu'ils sont là, c'est comme revendiquer l'Uruguay. Eduardo fait partie de la meilleure image du pays. Plus que n'importe quel ministre ou ambassadeur, une partie de l'Uruguay est respectée et admirée à l'étranger. Découvrez la ville ce dimanche dans les rues, une ville qui ressemble à vous. Voir plusieurs compagnons et compagnons qui pourraient être de le vivre avec des yeux brillants. Combien de larmes d'émotion sont venues de nos yeux, de nos cœurs et de nos souvenirs ce dimanche!

Jamais mieux de remarquer, comme vous l'avez fait, que cette bataille a été livrée par tant de compagnons anonymes qui ne se sont pas présentés pour la photo au moment de la victoire, et qu'ils devaient être sur le stand. En janvier, alors que beaucoup doutaient que vous puissiez être candidat, j'ai écrit dans un article, faisant appel à Hegel, que vous aviez rassemblé autour de vous divers éléments symboliques qui vous plaçaient comme une partie inextricablement liée à l'esprit de l'époque. L'esprit du temps est construit par les peuples.

Il y a des moments où les gens font un pas en arrière et laissent courir la précipitation. Donc, ceux qui sont pressés pensent qu'ils vont vite, à la recherche de raccourcis, et ils ressemblent à un cheval en fuite. Enfin les moins pressés, qui sont venus derrière, arrivent à côté des villes.

Il y a des moments où les gens se lassent d'attendre ceux qui sont trop tard, ceux qui croient que la route fait partie de la bureaucratie. Ensuite, ils les dépassent et ils se déchaînent, ils se rebellent, ils arrêtent de croire. Ceux qui sont toujours laissés pour compte voient que les gens partent, s'éloignent et peuvent se déchaîner. Ensuite, la droite gagne. Là, ils se demandent quoi faire sans les gens et maudissent les gens ...

Il y a un temps pour initier des changements et un autre pour les approfondir. L'approfondissement de ces changements doit se faire au bon moment, ni avant ni après. Le moment où les gens accompagnent la construction de leur avenir, la création et la recréation du rêve individuel et collectif. Vous devez savoir que les gens peuvent vous accompagner mais cela ne signifie pas qu'ils vous accompagnent pour construire la réalité. Vous devez savoir comprendre quand les gens vous accompagnent pour créer et recréer ce rêve individuel et collectif, dont un gouvernement peut n'être qu'une petite partie, et quand il vous accompagne sans vous impliquer dans le voyage.

Qu'aurait été cette campagne sans ces jeunes qui ont appelé à défendre la joie. Sans les gens qui ont joué malgré ceux qui croient que la route est une boîte carrée, toujours carrée institutionnalisée, presque autant que les locaux centraux du Frente Amplio. Que serait devenu le peuple si vous n'aviez pas ravivé l'espoir. Que seriez-vous devenu sans le peuple et sans espoir?.

Le choix de compagnon, Old Pepe, vous met dans un énorme compromis. Personne n'a un tel engagement envers des gens comme vous, et vous n'avez presque-presque pas le droit d'échouer. Aucun président n'a eu un engagement aussi important. C'est dur, mais c'est tellement compagnon.

Il en est ainsi pour toute votre histoire, celle de tous les instants. C'est le cas de tous ceux qui ne sont pas ici et qui ont joué pour rendre ce pays et l'Amérique un peu meilleurs ici, certains quittant leur vie très jeunes, aussi jeunes que ceux qui ont inversé la campagne aujourd'hui. C'est parce que l'Amérique latine a un grand espoir en vous. C'est parce que les Orientaux et les Orientaux voient que vous êtes presque une photographie d'espoir.

Compagnon, un gouvernement se construit avec passion, avec raison et avec efficacité. Mais aucun gouvernement progressiste ne se construit sans peuple. Ce temps est un temps pour rêver, pour renforcer l'espoir, pour construire des utopies, demain sera un temps pour les rêves, les espoirs et les utopies pour se lier à la réalité. N'oubliez jamais que vous passez, mais les gens suivent, liés à une histoire écrite par ceux qui survivent, liés à un possible espoir, liés à leurs rêves d'avenir.

Vieux Pepe, ne laisse pas l'espoir se perdre. Quel petit Taraite c'est. Mais c'est la vie. Vous y ferez sûrement face comme vous l'avez toujours fait, cherchant et cherchant à ce que ce petit pays soit un peu meilleur, un peu plus égal, un peu plus de tous et de tous.

Dans ces heures, en souvenir de mon frère Enrique, qui est tombé en pensant à faire la révolution; Je pense également à l'énorme défi de garantir que les jeunes ne gênent pas. Rester sur la route, ce n'est plus trouver la mort dans une confrontation, c'est se lasser des pierres posées par les jeunes et les anciens bureaucrates. Rester sur le Camino peut être quitter le pays pour être un étranger partout, y compris le pays parce que vous n'aviez pas la place nécessaire pour continuer sur le chemin. Rester sur la route, ce n'est pas seulement le manque de travail, c'est le manque d'espace de participation où commenter et décider, où aider à construire la route, sans être utilisé ...

Maintenant, toujours en souvenir de Raúl Sendic, des jeunes et des vieux Raúl. Celui dont nous avons tant appris et dont nous continuons à apprendre. Le Raúl des marches de canne à sucre et les analyses économiques mettent en lumière. Le Raúl de la dignité, rester dans le pays quand il aurait pu partir comme vous l'avez dit. El Raúl et qui misent sur les jeunes, sur le véritable engagement et la créativité des jeunes. Maintenant, se souvenant de votre propre chemin, cher ami, Old Pepe, c'est le bon moment pour vous dire comme toujours, qu'il y aura une patrie pour tout le monde, il y aura sûrement une patrie pour tout le monde ...

10.

Un chemin sans fin

Je suis retourné en Équateur avec la joie
d'avoir vécu pour raconter cette nouvelle
histoire, et en partie d'avoir été le protagoniste.

En janvier 2010, je suis conseiller du ministère des Affaires étrangères de l'Équateur et en mai je suis nommé vice-ministre, où je passerai deux ans avec un travail intense dans la consolidation d'une nouvelle politique étrangère et l'intégration latino-américaine. Sur de nombreuses questions, nous travaillons avec Pepe, comme la ratification de la Convention Unasur (Union des nations d'Amérique du Sud) et son renforcement. Deux par trois, nous nous sommes rencontrés lors de réunions internationales.

Le 30 septembre 2010, il y a eu une tentative de coup d'État contre le gouvernement de Rafael Correa en Équateur, et l'enlèvement du président lui-même. Compte tenu de la situation, nous avons partagé les tâches avec le chancelier: il s'est consacré au travail politique interne et moi au travail international.

La première personne que j'ai appelée pour lancer la campagne de dénonciation internationale du coup d'État a été Pepe Mujica, qui a immédiatement contacté la présidente de l'Argentine, Cristina Fernández, et d'autres présidents pour convoquer une réunion urgente des dirigeants sud-américains. Ce jour-là, à tout moment Pepe était inquiet, me consultant pendant que les événements se déroulaient jusqu'à la libération de Correa.

En avril 2012, j'ai démissionné de mon poste de vice-chancelier pour être en désaccord avec la signature de l'accord de libre-échange de l'Équateur avec l'Union européenne, mais nous restons amis avec Rafael Correa.

En juin 2012, je me suis rendu à Montevideo pour présenter le livre Tel quel - Chemin de José Mujica à la présidence -, qui rassemble les chroniques de la campagne 2009. Pepe était présent et a pris la parole sur place.

Fin 2012, Pepe a proposé que je retourne en Uruguay pour être le secrétaire à la communication du gouvernement. La nouvelle a fuité avant la nomination, et les médias de droite ont fait campagne avec des articles et des éditoriaux disant que ma nomination serait un danger pour la liberté d'expression. Après vingt ans hors du pays, j'ai été traité comme un intrus.

Face à cette campagne, la nomination a été rejetée. Quelques mois plus tard, Pepe m'a nommé ambassadeur itinérant pour Unasur, Celac (Communauté des États d'Amérique latine et des Caraïbes) et Alba (Alliance bolivarienne pour les peuples de notre Amérique) dans le but de relier davantage l'Uruguay à ces processus d'intégration.

Il y a eu des mois de contradictions avec la vice-présidente qui a cherché à rapprocher l'Alliance néolibérale du Pacifique du pays et, surtout, avec le ministre uruguayen des Affaires étrangères, Luis Almagro, qui a travaillé en étroite collaboration avec l'ambassade des États-Unis et a agi conformément aux directives de l'ambassadrice elle-même. . Leurs attitudes contre l'intégration et le projet progressiste sont devenues de plus en plus évidentes.

En réponse, j'ai informé Pepe puis j'ai démissionné avec une lettre dans laquelle j'ai expliqué clairement les actions d'Almagro. Des années plus tard, lors d'une rencontre avec Pepe, il a reconnu son erreur de lui avoir fait confiance et a souligné l'énorme déception pour la trahison au début de l'ancien ministre des Affaires étrangères de l'Uruguay, qui de l'OEA a pris position contre celle de Pepe et d'Amérique latine. .

Ils ont été des années d'amitié et de travail commun avec Pepe Mujica, dans divers domaines. La vie nous a placés dans des moments importants de la construction politique de l'Amérique latine, mais la route ne s'arrête jamais ...

LES LABYRINTHE
DE LA VIE

Dans les années 1960 et au début des années 1970, une organisation de guérilla en Uruguay a suscité la sympathie internationale pour ses actions politico-militaires, le Mouvement de libération nationale - Tupamaros (MLN-T), qui a assumé les symboles du révolutionnaire indépendantiste José Artigas. . Dans ce mouvement, des gens de diverses organisations de gauche se sont réunis, l'un des dirigeants était José Pepe Mujica, qui, plusieurs années plus tard, deviendrait président de ce pays.

Cette conversation est une contribution à la réflexion sur la réalité du monde d'aujourd'hui. Politique et économie mondiales, gouvernements progressistes et luttes sociales, l'accord de paix en Colombie, les difficultés du Venezuela et l'héritage d'Hugo Chávez, le coup d'État parlementaire au Brésil, le capitalisme actuel et la culture du consumérisme, le sens de la démocratie, la nécessité de consolider le processus d'intégration, la politique internationale des États-Unis, l'avenir des paysans et le contrôle des semences par les sociétés transnationales, le socialisme et les questionnaires qui ont été laissés sur la route, font partie des les sujets traités dans ce dialogue à deux voix.

KINTTO LUCAS. Parler avec Pepe, c'est comme parcourir des souvenirs et entrer dans les labyrinthes de la vie, mais c'est aussi analyser le présent avec une projection future. Il s'agit d'un entretien entre deux collègues qui partagent quelques moments de militantisme politique commun, que nous avons eu des accords et des désaccords, mais surtout que nous continuons à partager les racines Tupamara.

Old Pepe est aujourd'hui une référence dans différents pays, en particulier pour de nombreux jeunes. Il y a de nombreuses questions à régler, mais nous devrions peut-être commencer par l'accord de paix en Colombie. Hier, les paysans ont considéré la guerre comme faisant partie d'une route.

Aujourd'hui, ils se souviennent de tant de luttes qu'ils ont vécues et tellement qu'ils n'ont pas vécu, car il y a déjà tellement d'années, qu'il y a plusieurs générations. Ils sont revenus de la guerre et maintenant ils se souviennent du passé, presque, presque de la paix. Certains se demandent encore ce qu'est la paix? La paix en vaut-elle la peine? En Colombie, les gens considèrent la paix comme faisant partie d'une route en construction. Un tissu difficile car parfois les fils ne correspondent pas sur le métier. Mais il faut trouver un match ...

JOSÉ MUJICA: Je pense que, même s'il s'agissait d'une négociation qui a duré quatre ans, précisément, ce temps sans fin pour beaucoup, montre l'effort et la gravité de l'effort, l'engagement derrière. Ce n'est pas quelque chose qui a été convenu. D'une part, elle a comme chose gigantesque la promesse de mettre fin à un long conflit, évident, dont les dimensions sociales, politiques et économiques sont très difficiles à mesurer. Là-bas, du point de vue de l'économie, il y a ceux qui font des calculs qui pourraient être plus ou moins quatre fois le plan Marshall, pour donner une idée ... Mais en réalité, analyser l'ensemble des choses qui entourent l'accord pour le rendre possible Nous voyons qu'il s'agit d'un projet de pays pour une nouvelle Colombie.

En parlant du thème paysan que vous évoquez: son chapitre consacré à la Terre, par exemple, est transcendant. La Colombie est un pays où probablement 60% des terres n'ont pas de titre, personne ne sait qui c'était ni rien et tout est en cause, sans cadastre ni institutionnalité, avec douze millions de paysans pauvres, dédiés à la production de coca. Ce sont des populations économiques marquées par la coca, qui est vendue au comptant et se vend bien.

Le maïs et les haricots qu'ils peuvent récolter ne suffisent pas à vivre, il y a un problème économique qui détermine la réalité de la campagne colombienne. Parfois, nous oublions les choses élémentaires, mais la coca a été une forme de subsistance pour les pauvres au milieu des champs abandonnés, des forêts, une géographie sans routes, sans institutionnalité, sans organisation minimale du marché social, comme pour résoudre le problème.

Dans ce contexte, vous devez comprendre l'économie de la coca, qui doit également renverser des marchandises sur l'économie formelle, car si vous ne pouvez pas expliquer pourquoi la Colombie a un PIB (produit intérieur brut) comme celui de l'Argentine, d'où cela vient-il, non? ? La magie? Non, il y a quelque chose qui n'est pas vu ou mesuré.

Eh bien, mais le texte de l'accord tient compte de tout cela, car ils savent que ce sera un vrai problème pour les gouvernements à venir et pour les FARC elles-mêmes (les Forces armées révolutionnaires de Colombie) qui parient sur une politique intégrée convaincante. Timochenko dit: "Notre arme sera le mot", et il veut beaucoup symboliser cela. Bien sûr, il y a un chapitre d'incertitude, il y a l'histoire de ce qui est arrivé à l'Union patriotique avec 5000 dirigeants assassinés.

C'est l'histoire de la Colombie, qui n'a pas commencé hier, un pays qui a la tragique histoire de résoudre ses conflits politiques avec des balles. Cet accord est aussi une leçon pour tous: la valeur de la tolérance et de la coexistence dans une société, parce que des sociétés sans contradictions, n'est rien d'autre qu'un rêve chimérique de la race humaine. Les sociétés sans contradictions n'existent pas.

KINTTO LUCAS. En Amérique latine et en particulier en Amérique du Sud, nous connaissons depuis quelques années des processus gouvernementaux progressistes, dans le cadre de la phase post-néolibérale. Cependant, autant que certains ont parlé de révolution ou de socialisme et y ont ajouté un nom de famille, la vérité est qu'il n'y a eu ni tentative de révolution ni tentative de socialisme. Et il semble évident qu'il est impossible d'atteindre le socialisme sans avoir d'abord parcouru le chemin de la libération nationale.

Dans cette voie, et dans le cadre de ce processus, il est nécessaire de s'approprier la démocratie et de la resignifier. En Amérique latine en général et en Equateur en particulier, la démocratie et la participation politique ont été réduites à l'acte de voter. Cependant, la démocratie suppose l'implication effective de la société dans la prise de décision. La démocratie que nous devons réaliser doit être fondée sur un débat permanent et, surtout, sur un processus où les citoyens sont les gestionnaires de son développement.

Cette démocratie radicale suppose alors la construction de la citoyenneté, c'est-à-dire des sujets de droits qui peuvent exercer le pouvoir.

Par conséquent, le renforcement de la démocratie implique la promotion de la participation sociale sous toutes ses formes. Cette démocratie radicale doit être portée à tous les domaines de la vie sociale: à l'État, aux entreprises, au quartier, au mouvement politique, même à la famille.

Dans le cas équatorien, bien que formellement les droits de citoyenneté aient été étendus à la population dans son ensemble, dans la pratique, nous avions des citoyens de seconde classe, relégués en raison de leur condition économique ou de leur appartenance ethnique. En ce sens, la citoyenneté doit être étendue à l'ensemble de la population, ce qui n'implique pas, bien entendu, un processus d'homogénéisation culturelle qui menace les particularités des peuples et des nationalités.

Ainsi, le processus de libération nationale vers le socialisme passe par la construction d'une démocratie citoyenne, ce qui signifie aussi récupérer l'action collective des quartiers et des communautés, et retrouver la mobilisation sociale.

JOSE MUJICA. D'accord, mais les êtres humains, à part les différences de classe, qui sont notoires, nous avons des différences qui sont des individus, même au sein des classes. La nature nous rend semblables, mais avec une racine des cheveux particulière, elle ne fait pas des choses identiques et égales comme celle qui fait des briques, non.

Par conséquent, nous devons penser qu'en raison de nos imperfections, les conflits dans les sociétés sont inévitables. Ainsi, le capital de tolérance à la coexistence n'est pas, comme on pourrait le penser à une époque, un sous-produit libéral de la bourgeoisie, c'est en fait une valeur pour la race humaine, contre laquelle il n'est pas nécessaire de reculer, au contraire, il doit être défendu. .

Ceux d'entre nous qui ont toujours été un peu mis au défi, qui se battent et avec tout le reste, nous devons réaliser que c'est une valeur à défendre. Je dirais presque que c'est la chose la plus essentielle que puisse avoir l'idée de démocratie: comment pouvons-nous coexister dans la démocratie si nous ne soutenons pas les différences qui existent dans la coexistence?

Au fil des ans, on commence à découvrir certaines choses. Par exemple, je crois que les classes sociales ont une histoire, et parce qu'elles sont sujettes à l'histoire, elles ont des différences notables dans leurs différentes étapes.

Les seigneurs féodaux des VIIIe et IXe siècles, qui vivaient dans des châteaux de pierre, semblables à des casernes, d'apparence dure, qui étaient parfois abandonnés pour avoir des punaises de lit et des poux, seigneurs de guerre, vêtus d'une armure, ce n'est pas la même chose; que les seigneurs féodaux des XVe et XVIe siècles qui quittent l'armure et mettent une boucle, avec des mains et des gestes raffinés, et deviennent courtisans des rois. Ce ne sont pas les mêmes, ce sont des féodalismes mais très différents.

En ce sens, la bourgeoisie fondatrice, Quaker, qui rend le travail et l'épargne mythiques comme fierté nationale, n'est pas la même; que la bourgeoisie cumulative et spéculative de notre système financier contemporain. Ce ne sont pas les mêmes, il y a une différence même s'ils appartiennent à la même classe, non? Ainsi, en analysant ces choses, nous voyons également qu'il est nécessaire de prendre soin du facteur de coexistence, qui est le plus grand défi auquel la Colombie est confrontée.

KINTTO LUCAS. La Colombie et l'Uruguay sont des pays très différents. Les guérillas étaient également différentes, même en raison de la géographie de chaque pays. Cependant, le fait que le MLN –T, après sa défaite militaire, de tant de prisonniers morts, a disparu, a été inséré dans la politique juridique, et même vous êtes devenu président, c'est peut-être un exemple à prendre en compte par les FARC, ou peut-être pas? ...

JOSE MUJICA. Je pense que oui. Humblement, dans ce qui m'est particulier, j'ai longuement parlé de ces choses à deux ou trois reprises avec la direction des Forces armées révolutionnaires colombiennes (FARC) qui était à La Havane. Dans la batterie d'arguments en faveur des hésitations, l'opposition, les gens qui pensent non, disent que les accords cèdent le pouvoir aux FARC:

"Demain, ils seront au pouvoir, parce qu'ils ont cela, parce qu'ils ont l'autre", disent-ils. C'est un fantasme, raisonner comme ça est un fantasme.

En ce sens, c'est comme penser que nous sommes arrivés au gouvernement à cause de notre histoire de guérilla. Ce n'est pas comme ça! Les gens ne votent pas la guérilla, parce que les gens regardent un peu en arrière, mais un peu, pas beaucoup, parfois trop peu, je dirais, parce que nous avons les yeux tournés vers l'avenir.

Les gens espèrent savoir comment ça se passe à la foire de demain. Elle est inquiète si elle a un emploi ou si elles résolvent ses problèmes financiers, si elle doit payer l'électricité, et tout ça. Maintenant, nous en savons même un peu plus qu'auparavant. Nous savons que lorsque les gens parviennent à vaincre la pauvreté chronique, ils s'insèrent dans la société de consommation et en veulent plus.

Ensuite, cela devient plus exigeant et devient critique. Ce à quoi vous avez assisté hier en pensant que c'était un progrès fantastique, en gros vous ne l'avez aidé qu'à s'insérer dans la société de consommation (gloussements). Là, vous devez ressentir les miels de ce qui arrive au PT au Brésil!, Par exemple. Vérité?

Ne vous attendez pas à une immense gratitude de la part des masses parce qu'elles ont quitté la pauvreté, comme ça, si vous ne pouviez pas développer un degré de conscience. Si les gens réalisaient que cette amélioration ne venait pas d'une génération spontanée ou d'un mérite personnel, mais de la lutte politique des êtres humains, ils comprendraient peut-être mieux et seraient plus impliqués dans les processus. Il n'y a donc pas de remerciements ou de remerciements (entre les rires). Nous ne le savions pas, maintenant nous le ressentons ... et nous devons apprendre. Certes, les gens ont le droit de continuer à s'améliorer, mais j'ai des doutes sur ce que cela signifie d'améliorer davantage ...

KINTTO LUCAS. (Rires) Bien sûr, et qu'est-ce qui doit aussi s'améliorer? ...

JOSE MUJICA. Oui, qu'est-ce qui s'améliore également? Parce qu'il est là, le capitalisme a semé une idée de progrès permanent lié à l'amélioration économique pour consommer plus de choses, donc améliorer signifie consommer plus. Il a aussi inventé des choses de courte durée (rires), non? Puis l'idée a été créée que le progrès ne s'arrête jamais. Là, l'autre question se pose: dans ce progrès, l'homme est-il plus heureux? Là, la chose change.

À notre connaissance, ce qu'il y a eu de la recherche dans le domaine, si les gens ont 20 ou 30 ans, ils ont tendance à croire que s'ils ont plus de choses, ils sont plus heureux, ou s'ils ont plus de pouvoir, plus de renommée ou plus d'argent, ils sont plus heureux. Mais quand il commence à passer les 50 ans, les gars commencent à penser différemment, non?

KINTTO LUCAS. Il semble que les gouvernements progressistes au lieu de créer des citoyens aient créé des consommateurs. Mais c'est aussi dans le modèle. Ils sont sortis du néolibéralisme, mais ils ont consolidé un modèle de consommation issu du néolibéralisme. On a beaucoup parlé d'économie solidaire, mais dans un modèle consumériste, il est impossible de renforcer un processus d'économie solidaire. Et lorsque la crise apparaît, il semble que le plus simple soit de recourir à l'ajustement. La démocratie radicale et l'économie solidaire font partie du même processus de libération nationale et, évidemment, de la même construction symbolique.

Les associations de consommateurs, les coopératives, les systèmes de production agroécologiques, les entreprises gérées par les travailleurs, qui ont été très importantes pour vous, la construction de maisons d'entraide et diverses organisations économiques de ce type, ne sont souvent pas reconnues comme tels que des exemples de solidarité sociale. On ne suppose donc pas qu'ils pourraient cesser d'être isolés s'ils s'inscrivent dans un modèle économique basé sur l'économie solidaire, dans lequel l'État joue un rôle de cohésion.

Un modèle économique qui n'est pas basé sur une économie solidaire n'obtient pas une meilleure redistribution des richesses, donc il n'élimine pas l'ancien fossé entre riches et pauvres, et il maintient intactes les structures économiques qui ont provoqué la réalité censée changer. L'économie solidaire ne signifie pas intégrer des notions de solidarité dans les pratiques économiques, cela signifie transformer l'économie.

Les secteurs néolibéraux ont réussi à installer dans l'imaginaire collectif que la solidarité est nécessaire pour résoudre certains problèmes sociaux que l'économie ne peut surmonter. Ainsi, la solidarité ne fait pas partie de l'économie, elle n'est qu'une action qui apparaît après que l'économie a produit ses effets. La «solidarité» est donc synonyme de charité ou de charité et finit par se transformer est un élément utilisé pour que tout reste le même.

L'économie solidaire implique que la solidarité s'introduit dans l'économie elle-même, et qu'elle opère et agit dans les différentes phases du cycle économique, c'est-à-dire dans la production, la circulation, la consommation et, bien que cela paraisse contradictoire, dans l'accumulation. Il propose de transformer l'économie de l'intérieur et structurellement, générant une nouvelle rationalité économique. Elle implique un modèle de développement solidaire. Mais ce n'est pas la même chose que la solidarité fait partie de toutes les instances de l'économie, des entreprises, du marché, de l'État, de la consommation, des dépenses collectives et individuelles, qu'il y a certains comportements de solidarité au sein des activités économiques. Vous avez fait un excellent travail avec les usines autogérées, qui font partie d'un modèle d'économie solidaire.

Aujourd'hui, plus que jamais, nous devons consolider l'économie solidaire comme alternative, de l'extérieur et de l'intérieur de l'État. Mais maintenant, certains gouvernements progressistes sont en déclin. Dans les gouvernements progressistes, beaucoup de gens sont sortis de la pauvreté, ils ont travaillé dans le domaine social de différentes manières, mais ils n'ont pas pu changer de structure et, maintenant, au-delà de l'avancée conservatrice, ils commencent à voir un revers dans les politiques de ces gouvernements. Comment interpréter la montée et le déclin des gouvernements progressistes?

JOSE MUJICA. Certes, il doit y avoir, comme dans tout phénomène profond, des causes multiples, mais je pense que certaines causes fondamentales sont dans l'épuisement des possibilités que le système lui-même donne et n'ayant pas pu surmonter les contradictions du système lui-même. Et quelque chose de très important, de ne pas avoir lancé une bataille dans le domaine de la culture, une bataille qui remplace la culture de la consommation.

À une époque, nous pensions qu'en changeant les relations de production et de distribution, la société changeait mathématiquement, une grave erreur, nous savons que la culture joue de plus en plus un rôle déterminant et nous ne participons pas à faire face à cette bataille culturelle.

Les dirigeants ont subi les mêmes: nous avons utilisé les mêmes voitures, les mêmes secrétaires, les mêmes tapis, le même attirail, nous nous sommes assis à la même table où ils étaient assis, etc. Et à la fin de tant de négociations et d'avoir à ajuster le corps, je pense que nous transférons la confusion aux gens. À l'image du collectif, nous sommes les mêmes, même si nous ne le sommes pas, peu importe, c'est ce que nous représentons pour les gens. Je pense qu'en partie, il peut y en avoir une partie.

KINTTO LUCAS. Une autre question fondamentale, bien qu'elle ne soit parfois utilisée que comme excuse pour ne pas se plonger dans les changements économiques, est la réalité du monde d'aujourd'hui. L'effet de l'économie transnationale, l'accentuation des inégalités, l'augmentation de la concentration des richesses et le manque de réponses aux classes moyennes dans les pays développés, les nouvelles formes d'exploitation, les nouvelles faiblesses humaines et bien plus encore …

JOSE MUJICA. Il y a un pendule historique à droite qui est en dehors de l'Amérique latine, il est dans le monde, parce que lorsque vous voyez les discours aux États-Unis et en Europe … Je ne suis pas impressionné par les discours d'extrême droite, ce qui m'impressionne, ce sont les gens qui suivent ces discours, ce ne sont pas des martiens, ils font partie de la société américaine et européenne, des puissances mondiales ...

Lorsque j'écoute ceux qui votent contre Merkel comme si Merkel était l'épicentre de la révolution mondiale, je suis inquiet. S'il vous plait! Quelque chose est-il sorti pour penser que Merkel est une révolutionnaire? Nous sommes dans un moment difficile de la situation mondiale et cela influence également l'Amérique latine.

Cela, à mon avis, est une conséquence involontaire de l'effet de la montée de la mondialisation avec l'essor de l'économie transnationale, qui produit, entre autres, une concentration de richesses de nature terrible, accentuant les inégalités. Ce n'est pas qu'elle multiplie la pauvreté, elle multiplie la distance entre riches et pauvres, l'inégalité.

D'énormes secteurs de la classe ouvrière, tels que les métallurgistes américains, gagnent en valeur comme ils l'étaient en 79, tandis que le PIB a énormément augmenté. Où est cette croissance? Ah! Il s'est concentré sur un groupe de très peu de types, et les types les plus pauvres commencent à percevoir ce qui se passe en eux-mêmes.

En d'autres termes, ce monde de l'économie transnationale s'accompagne d'une multiplication de la concentration des richesses, et il ne répond pas aux énormes secteurs de la classe moyenne élémentaire dans les pays développés, ce qui les remplit également d'incertitude.

Par exemple, après l'ALENA (accord de libre-échange nord-américain), l'industrie automobile américaine a quitté Détroit et d'autres endroits pour s'installer à la frontière avec le Mexique. On pourrait dire: c'est bon pour les travailleurs mexicains qui ont un emploi. Mais les gars gagnent une bouchée de pain et des milliers ont également quitté le champ parce qu'ils ne peuvent pas rivaliser avec le maïs et le blé nord-américains et sont allés survivre dans l'industrie américaine basée à la frontière.

Mais tout le monde ne trouve toujours pas d'emploi. Le Mexique a perdu deux millions de paysans après l'ALENA. Mais à leur tour, les salaires des métallurgistes américains ont été gelés, car ils ne peuvent rivaliser avec les salaires des travailleurs mexicains. Alors, qui a gagné dans cette histoire? Les grandes entreprises ont gagné et les coûts de production ont chuté.

KINTTO LUCAS. Il y a les conséquences de l'accord de libre-échange du Mexique avec les États-Unis et le Canada. Le Mexique ne produit plus de maïs. Mais la Colombie voit aussi comment le champ est liquidé avec ses ALE avec les États-Unis et l'Europe. D'autres pays semblent vouloir emprunter la même voie.

JOSE MUJICA. Bien sûr, maintenant le Mexique, où le maïs est originaire, doit l'importer des États-Unis. Qu'en penses-tu? Eh bien, cela produit un sentiment d'arnaque. Ce genre de chose génère de l'hyper-nationalisme: les États-Unis pour les Américains, la France pour les Français, l'Allemagne pour les Allemands ...

Et la faute en incombe aux Chinois, à ceux qui viennent de l'extérieur, à ceux qui m'empêchent de travailler, à ces explications simplistes qui donnent des résultats électoraux à des gens anxieux et accrochés à des discours comme Trump sur la construction des murs avec le Mexique. Et tout le reste. C'est affreux, parce que nous avons vu ce film dans les années 1930, mais comme l'être humain est le seul insecte capable de trébucher sur la même pierre plusieurs fois, il y a un boom des «droits des droits». Nous devons voir les nuances, non?

KINTTO LUCAS (rire) Nous devons également voir nos droits. Il y a quelques différences entre ces droits et les nôtres ...

JOSE MUJICA. Bien sûr, nous avons un droit avec lequel nous pouvons nous battre, nous allons au smacks, mais, plus ou moins, cela fonctionne dans le cadre. Maintenant, un autre droit surgit qui est contre ce droit, parle de race et a un soutien populaire. Nous avons des expériences et des antécédents à ce sujet, car Hitler a obtenu les votes, également Mussolini. La masse les a soutenus. Dans ce cadre, il faut voir l'histoire de ce qui se passe en Amérique latine, car elle n'est pas aussi indépendante qu'il y paraît, et bien sûr nos propres erreurs, parfois difficiles à reconnaître.

KINTTO LUCAS. Nous, de l'Équateur, et en particulier moi en tant que vice-chancelier, étions contre l'intervention de l'OTAN en Libye, car cela provoquerait une guerre civile aux conséquences imprévisibles et ouvrirait l'intervention en Syrie. Alors contre l'intervention en Syrie, nous avons dit que ce qui se passe aujourd'hui allait se produire. Ces terribles guerres civiles allaient être provoquées par des morts, des destructions et des milliers de réfugiés. Nous l'avons dit et répété mille fois.

Les médias nous ont attaqués et ont déclaré que nous étions les défenseurs du régime libyen et syrien, que nous serions isolés et bien plus encore. La réalité nous a donné raison. Cela ne sert à rien car les morts continuent d'inonder la Méditerranée.

Mais maintenant ni les grands médias internationaux, ni ceux de nos pays, que la seule chose qu'ils savent faire, c'est le suivi, ni les politiciens de droite, ni ceux de gauche qui n'avaient pas la capacité de voir ce qui allait se passer ou qui préféraient s'adapter, personne ne dit Rien, ils ne font que masquer un visage d'horreur supposé et montrent leur hypocrisie. Ils ont fait un usage politique des droits de l'homme et ont dévasté la Libye pour mieux l'exploiter. Maintenant, ils détruisent la Syrie. Pourquoi le Conseil de sécurité ne demande-t-il pas une intervention à Guantánamo pour vérifier la violation des droits de l'homme? Il semble que le monde soit encore une imposture.

L'OTAN a tué plus de personnes que Kadhafi et personne ne le dit. Les pays de l'OTAN ont gardé l'argent de la Libye, pas celui de Kadhafi, et personne ne le dit. Les interventions font plus de morts dans les pays où elle intervient. Il existe un double standard dans le monde et cela se reflète dans les organisations internationales. Contrôler la Syrie, c'est définitivement contrôler le Moyen-Orient.

Lorsque des violations des droits de l'homme sont commises par les États-Unis ou l'OTAN, il n'y a pas de condamnation, personne ne dit rien. Et nous pouvons transférer cela en Amérique latine, par exemple dans le cas du Venezuela. Ici, aucun jeune de l'OEA payé par le dollar américain ne vient dire quoi que ce soit contre les États-Unis, mais ils courent faire des courses pour lui. Il y a une utilisation politique avec la Syrie, comme c'était le cas auparavant en Libye. Et il y a un usage politique contre le Venezuela.

Alors que Kadhafi était un ami de ceux qui l'ont attaqué plus tard, il n'y avait pas de problème, il n'était pas un violateur des droits de l'homme, mais quand il a cessé d'être un ami, oui. Le trafic de drogue, le terrorisme, la lutte contre la guérilla à certains moments était aussi une arme politique des grandes puissances. En fin…

Vous avez signalé certaines erreurs commises par le Venezuela, nous pourrions signaler différentes erreurs, mais qui n'a pas commis d'erreurs, et au-delà de mettre en évidence les erreurs que le Venezuela a commises et qui les a commises, y a-t-il un droit pour quelqu'un de l'extérieur de s'impliquer? Que voulez-vous intervenir dans ce pays? Que certains qui ont parlé de la gauche travaillent ouvertement pour les États-Unis et servent de porte-parole de l'intervention?

JOSE MUJICA. Ils n'ont pas le droit! Mais c'est aussi sarcastique, très sarcastique, parce que les erreurs et les raisons sont bien les leurs et ce sont eux qui doivent les résoudre et les résoudre, et, qu'est-ce qui se passe avec la démocratie au Venezuela et non ils disent un seul mot de ce qui se passe en Chine!

KINTTO LUCAS. Ou en Arabie Saoudite ...

JOSE MUJICA. Ou en Arabie Saoudite ... Ils ne disent rien, n'est-ce pas? Mais il existe de nombreux exemples à signaler au Venezuela, de petites verrues à côté des catastrophes qui se sont produites dans le monde. Là, ils ne disent rien, car ce sont les pouvoirs qui influencent les décisions du monde d'aujourd'hui qui commettent ces catastrophes. Je ne peux donc pas considérer la tolérance des États-Unis avec certains pays qui sont leurs amis.

C'est une politique assez cynique d'utiliser les droits de l'homme. Ne me fous pas! Les droits de l'homme? Si nous regardons ces dernières années, les États-Unis et leurs alliés ont un équilibre désastreux. Là où ils sont intervenus, il n'y a que désastre, désarticulation:

101

Afghanistan, Irak, Libye, Syrie ... Regardez ce qu'ils ont fait!

Je parie que le modèle qu'ils ont pour la paix en Syrie est la balkanisation, faites ce qu'ils ont fait en Yougoslavie, balkanisez-le, profitez d'une Syrie chiite, d'un autre sunnite, du Kurdistan puis atomisé, utilisez-les un par un ... Dieu me pardonne, mais ce film aussi Nous l'avons vu plusieurs fois ...

KINTTO LUCAS. Maintenant, dans cette Amérique latine actuelle et réelle que nous vivons, comment interpréter la réalité du Brésil ou du Venezuela? Ce sont des moments difficiles.

JOSE MUJICA. Ce sont des moments très difficiles. Lors de la signature de l'accord de paix en Colombie, je parlais à Serra, le ministre brésilien des Affaires étrangères, il m'attrape et dit: - écoutez, je sais que nous sommes du côté opposé - il sait que je suis un ami de Lula - mais il m'a rappelé qu'il était exilé en Uruguay, dans la maison du vieux Cultelli. Tombez sur le dos! Dans la vieille maison de Cultelli! (1)

KINTTO LUCAS. C'est la vie!

JOSE MUJICA. Mais tu as vu, c'est la vie! Vous ne pouvez pas le croire, je ne savais pas, je ne me souvenais pas, si je savais jamais. Ce chancelier de droite qui a participé à la chute de Dilma, candidate à une campagne électorale, a été exilé en Uruguay, dans la maison de l'ancien Cultelli (1). Et tant que nous sommes de part et d'autre, je ne vais pas m'arrêter de lui parler. Ce serait idiot car le pire est de nier la réalité, mais tu sais très bien que je suis un ami de Lula et ce que je pense ...

Il y a un des problèmes, les camarades vénézuéliens ne savent pas faire de la politique, ils ont la maladie de Caïn, des déclarations sont inutiles, car il faut parfois faire des déclarations, mais il faut voir les résultats qu'elles donnent. Nous ne devons pas confondre le bruit avec la propagande, a déclaré le bébé (Raúl Sendic).

Une chose est le pacte journalistique et la répercussion, une autre chose est ce que ces déclarations vous laissent, car nous avons besoin d'une politique d'alliances et nous ne pouvons pas cracher ce qui est plus proche ou plus hésitant, même si ce n'est pas le nôtre, parce que faire cela est un belle façon de s'isoler de plus en plus. Il ne me semble pas qu'elle soit intelligente, il est possible que leur politique intérieure soit à la table, c'est une autre histoire, mais la politique étrangère ne peut pas être à la table, elle ne devrait pas l'être.

Mais bon, je suis très préoccupé par le Venezuela pour plusieurs choses, mais il y a aussi tout ce que Chavez a semé, tout, le combattant le plus colossal pour l'intégration latino-américaine, sans aucun doute. Le gouvernement le plus généreux que j'ai connu dans l'histoire politique dans les années où je peux mesurer l'histoire de l'Amérique latine.

Le Venezuela a été énormément touché par cette crise pétrolière, en plus d'un manque de fonction politique, je crois qu'au Venezuela un ensemble de réformes était nécessaire il y a longtemps, en particulier celles qui permettent un prix de change et un taux de change rationnels, pas fous, car cela déstabilise toute économie et naturellement payer le prix.

Mais la rente pétrolière a jeté les paysans sur la côte et ils ont manqué de paysans, donc au Venezuela il n'y a pas de culture de production alimentaire. Bien sûr, ce n'est plus la responsabilité de maintenant, c'est le fils de l'histoire.

C'est très différent de la Colombie, qui compte douze millions de paysans. Je ne me lasse pas de dire qu'il est plus difficile de former un paysan qu'un ingénieur. Parce que le paysan a un héritage d'origine, appartient à une culture, il peut être techniquement arriéré et avoir peu de moyens, mais il a une capacité de symbiose avec son environnement qui est perceptible.

Les pays ne peuvent donc pas négliger leurs paysans, et pour les soustraire à la stagnation technologique et les projeter, ils doivent compter sur eux comme force créatrice, ils ne peuvent pas les laisser de côté. La France, qui a une politique protectionniste et qui a les paysans comme dans un jardin, a pris soin d'eux, les subventionne, les a comme modèle et vous vous promenez dans la campagne française et ça semble un jardin.

KINTTO LUCAS. Et les Allemands aussi ...

JOSE MUJICA. Et l'allemand aussi, non!

KINTTO LUCAS. Mais revenons à la question des réfugiés qui arrivent maintenant en Europe par dizaines de milliers, et beaucoup sont laissés sur la route, en Méditerranée, sur les plages, morts, des dizaines d'enfants ...

JOSE MUJICA. C'est un grand paradoxe que l'Europe qui a envoyé des migrants dans le monde veut désormais expulser ceux qui arrivent. Et ils viennent à cause de la guerre que l'Occident a semée en Libye et en Syrie. Mais aussi le capitalisme a semé le rêve du vitrail de consommation, et ces émigrants d'aujourd'hui ne sont plus les mêmes qu'auparavant. Ils ne sont pas comme ces émigrés que nous connaissions, les vieux Italiens et les vieux galiciens qui sont venus dans nos pays avec le sac en carton.

Les émigrants d'aujourd'hui ont Internet, ils ont le téléphone, ils sont connectés avec ceux qui restent et ils ne veulent même pas rester dans le sud de l'Espagne ou en Italie, ils veulent couper pour l'Allemagne, pour le nord industriel et riche.

Bien sûr, ils sont attirés par cette concentration culturelle, par cette image. Curieusement, les sobres ont aussi des âges, ils ont des histoires ... Les pauvres d'aujourd'hui ne sont pas les mêmes que les pauvres d'il y a cinquante ou cent ans, ceux-ci sont plus modernes, donc ils sont moins primitifs et plus faibles.

Je pense que quelque chose de similaire arrive à la loi de la zootechnie. Lorsque vous croisez des êtres très éloignés les uns des autres, en général ils ont des caractéristiques remarquables, ils sont généralement plus productifs. Et lorsque vous accentuez le travail de sélection, cherchez à augmenter la productivité, gérez les lois de l'héritage et des personnages, vous réussissez.

Par exemple, les animaux de boucherie peuvent avoir plus de reins, des pattes plus courtes, bref, vous les transformez en un long processus. Mais ne vous excitez pas, quand vous enfilez autre chose, cela vous en prive et que vous en retire?: La rusticité. Cet animal plus productif est plus faible contre les maladies naturelles, il souffrira d'un certain nombre de maladies que les animaux primitifs n'ont pas souffert.

Parfois, je pense que quelque chose nous arrive aux êtres humains, lorsque la civilisation nous chasse, elle nous améliore dans beaucoup de choses, maintenant elle nous affaiblit également dans notre capacité à résister. Comment vivre sans eau courante, sans électricité, sans gaz? C'est une tragédie, non? (En riant)

KINTTO LUCAS. Dans cette réalité, au-delà de la consolidation impériale, un point fondamental à analyser est l'hégémonie technologique des États-Unis, qui est liée à l'influence des groupes de puissance américains dans le monde et aux effets que la massification des machines peut provoquer dans le travail humain.

De plus, avec une Russie et une Chine plus fortes, le renforcement des BRICS (Brésil, Russie, Inde, Chine et Afrique du Sud), il était censé créer un monde multipolaire, dans lequel les États-Unis ne seraient plus hégémoniques, mais je doute Qu'il en soit ainsi.

Si nous voyons comment les États-Unis ont agi pour faire baisser le prix du pétrole, comment ils continuent à maintenir un "leadership" sur l'Europe, comment ils continuent d'imposer la guerre pour obtenir des avantages économiques et un contrôle géostratégique - la Libye et la Syrie en sont des exemples -, on pourrait dire que malgré certains hauts et bas, son hégémonie est encore très forte.

JOSE MUJICA. Voyons, la vérité est que la question est assez complexe, car les États-

Unis ont aussi leurs graves problèmes, même s'ils restent de loin la puissance militaire d'un point de vue technique, mais à grands frais aussi. Je crois que les États-Unis sont à l'avant-garde, depuis longtemps, dans l'ensemble des sciences qui entourent la vie; Dans le domaine des sciences biologiques, il présente un énorme avantage: c'était le premier pays où il y avait un noyau capital de personnes qui en voyait l'importance.

C'est naturel parce que les États-Unis ont toujours été une puissance agricole, il est naturel qu'ils aient étudié ce sujet en profondeur car, après tout, c'est un pays d'agriculteurs, d'agriculteurs.

Ces antécédents sont d'une plus grande importance dans l'économie moderne, car sa recherche et son système informatique appliqué le maintiennent à l'avant-garde. Si l'on y ajoute la tendance à la concentration du capital, on voit comment il maintient son hégémonie.

Les groupes de puissance économique d'origine américaine, ont une formidable influence lobbyiste dans tous les gouvernements du monde, chacun d'entre nous d'une manière ou d'une autre doit subir ce fléau. Et la concentration économique, plus la gestion de la haute technologie, plus le capital, multiplient l'influence du lobbyiste dans le monde entier pour prendre progressivement un système de décision en faveur de ces groupes.

Maintenant, encore une fois, nous sommes dans la même situation, cela ne répond pas aux attentes de la classe moyenne nord-américaine, qui est un spectateur de plus, qui voit comment la richesse est pétrie et se sent victime parce qu'elle ne participe pas à la distribution.

Ainsi, dans ce secteur de la société est générée une frustration gigantesque qui conspire contre la mondialisation de la droite industrielle, concentratrice, monopolistique et moderniste. Donc une mondialisation qui sort d'une mondialisation qui n'est pas de gauche, non, c'est l'extrême droite, c'est l'hyper-nationalisme et tout ça dont on a parlé.

Lorsque Trump dit qu'il veut faire face à la frustration de cette partie stagnante de la société, il profite de cette frustration collective de la classe moyenne. Mais tout cela génère aussi, à terme, des gouvernements autoritaires de différents types, comme la Turquie, comme ceux qui pourraient apparaître demain en Europe, comme Poutine.

Chacun défend son espace. Je pense que nous allons assister à une période difficile à cause de cela. Et le modèle globalisant des sociétés transnationales, qui semblait triomphant et qui battait son plein, ne les a pas tous avec lui car ce monstre est sorti dont les têtes apparaissent de plusieurs côtés.

Mais il y a une autre pièce à l'horizon qui peut ébranler toute l'étagère: la massification des machines intelligentes dans le travail humain. Cela va générer un changement brutal dans le travail de l'être humain; Ils vont placer l'humanité dans une lutte collective similaire à celle qui a eu lieu pour obtenir huit heures, ou la lutte pour les biens publics.

Le Japon, par exemple, est un pays très avancé technologiquement et cher, entouré d'une main-d'œuvre bon marché. Il a toutes les conditions pour être une sorte d'avant-garde dans l'introduction des machines intelligentes au travail. Cette technologie est très utile, cela ne fait aucun doute. Il y a des années, ils y ont placé un petit tracteur sur Mars et ils pouvaient le conduire depuis la Terre pendant deux ou trois ans. S'il vous plaît!, Ce n'est pas le problème technologique, la technologie existe, maintenant elle commence à descendre dans le béton, elle est produite en masse, les coûts baissent, etc.

Au Japon, il y a déjà un supermarché sans personnel, il y a une entreprise qui produit 15 000 laitues par jour avec un travail mécanique. 95% du travail est effectué par des robots. Cela augmentera progressivement. Il y a un robot «miss» qui clignote, chante, a un programmeur 3D. Vous jouez de la clé et elle fond dans l'air, vous comprenez? Vous pouvez la programmer pour chanter, bouger les yeux, la jouer. Il viendra un moment où ils remplaceront les humains. Et que faisons-nous là-bas?

Les changements dans la manière de produire changent l'histoire de l'humanité et la vie du travailleur. Il est merveilleux que les machines remplacent l'homme, car cela donnerait beaucoup de temps à l'humanité pour mieux vivre en faisant d'autres choses pour s'améliorer en tant que personnes. Mais bien sûr, le problème est qu'ils fonctionneront pour les propriétaires des machines, puis les contradictions du système seront accentuées.

KINTTO LUCAS. Dans un monde de machines, ils travailleront pour les propriétaires, s'ils ont du travail supplémentaire ...

JOSE MUJICA. Bien sûr (rires) Et la seule réponse sera la multiplication des biens publics. Maintenant, curieusement, la deuxième ou la troisième puissance du monde propose que la semaine de travail soit raccourcie, vous rendez-vous compte?

Vous devez travailler moins et avoir le même salaire, car ces travailleurs doivent consommer. C'est la contradiction du capitalisme. Les gars qui pensent se rendent compte que s'ils ne distribuent pas quelque chose, il ne vend pas, ils ne continuent pas à créer des consommateurs. Mais il n'y a pas de solution, nous continuons dans ce duel.

KINTTO LUCAS. Le monde traverse une crise mondiale qui se manifeste au niveau politique et économique, mais qui se manifeste également dans la sphère multilatérale régionale et mondiale. Il y a une crise économique visible en Europe, en particulier, et aux États-Unis. Il y a une crise de la gouvernance mondiale qui se manifeste dans le rôle de moins en moins important et moins crédible de l'ONU (Organisation des Nations Unies), et dans la surdimensionnement d'un Conseil de sécurité qui continue de représenter un moment historique passé et passé. Il y a une crise du multilatéralisme traditionnel, qui se manifeste à l'ONU, mais aussi dans le système interaméricain avec une OEA mise en cause (Organisation des États américains).

L'OEA, qui a émergé comme l'option d'un certain moment historique dans lequel les pays vivaient sous la "direction" des États-Unis, qui était en fait une imposition de ce pays, n'a presque aucune crédibilité, et si elle survit, c'est pour certains intérêts .

Il y a une crise de crédit multilatéral moins crédible au Nord et au Sud, au-delà de certains secteurs intéressés. Il y a une crise commerciale mondiale mise en évidence par les faux pas de l'OMC (Organisation mondiale du commerce) qui se tourne finalement vers un Sud-Américain pour tenter de sortir de son puits; dans la spéculation alimentaire et dans la promotion de la consommation parasitaire pour que le système financier survive ou se renforce par l'octroi de crédits non productifs.

Et dans le cadre de cette crise mondiale, nous pouvons également placer le crime organisé mondial et en réseau renforcé, de plus en plus lié à des cas de pouvoir politique et économique à travers le monde. Mais la crise ne touche pas l'Empire. Selon Toni Negri, aujourd'hui, l'empire prend différentes formes et connotations de l'empire traditionnel. C'est une sorte de coalition mondiale composée de pays, de grandes entreprises, du système financier mondial, de certaines institutions multilatérales, d'entités d'arbitrage international et de nombreuses autres entités entrelacées les unes aux autres et au service d'une puissance mondiale unipolaire, qui se résume en quoi pour Negri, c'est l'Empire actuel.

La crise ne touche pas l'Empire dans cette nouvelle définition, ce sont les processus intégrateurs qui font émerger un monde diversifié, opposé à la pensée unique du monde homogénéisé politiquement, économiquement, commercialement et culturellement. Ce sont les processus d'intégration d'un nouveau type qui s'opposent à l'Empire. Ce sont également ces processus d'intégration qui donnent lieu à une nouvelle proposition multilatérale.

Face à la crise du multilatéralisme traditionnel, un nouveau multilatéralisme apparaît qui se renforce dans de nouvelles expressions telles que les BRICS (Brésil, Russie, Inde, Chine et Afrique du Sud), et dans les processus d'intégration tels que ceux qui se produisent en Amérique latine, en Eurasie, en Asie et en Afrique. Processus stratégiques vers un monde multipolaire et polyédrique. Mais cela ne finit pas par se consolider et il semble de plus en plus difficile que cela se produise.

Dans son brillant roman *L'Année de la mort de Ricardo Reis*, José Saramago souligne «Il suffit que cette ville sache que la rose des vents existe, ce n'est pas l'endroit où les directions s'ouvrent, ni le point magnifique où les directions convergent, ici précisément changer de direction.

En traduisant les mots de Saramago dans le système mondial, comme dirait Immanuel Wallerstein, nous pourrions dire qu'ils changeront de direction le jour où nous construirons un système mondial multipolaire qui contribuera à créer un monde un peu plus démocratique, plus juste et plus équitable. Dans ce changement d'orientation nécessaire, l'intégration est un objectif stratégique pour atteindre l'indépendance de l'Amérique latine, mais cela se fait depuis longtemps. Et dans le duel du capitalisme mondial, que vous avez analysé auparavant, l'Amérique latine joue à peine. Quel est le rôle de l'Amérique latine dans le monde d'aujourd'hui?

JOSE MUJICA. L'Amérique latine porte une tragédie. Elle a la tragédie de représenter 10% de l'économie mondiale, de n'avoir aucune masse critique, l'intégration ayant échoué pour l'instant. L'intégration n'est plus seulement le rêve de Bolívar ou la grande utopie géopolitique des anciens libérateurs, c'est un impératif de nécessité.

Nous n'avons aucune possibilité de peser dans la balance du monde par manque de masse critique, car nous ne pouvons pas créer un système de recherche qui nous donne la liberté de créativité, parce que nous n'avons même pas la gestion de certaines technologies, parce que nos universités sont séparées les unes des autres et cloisonné de pays en pays, car nos chercheurs sont peu nombreux ... Tout cela nous oblige à nous intégrer.

Mais aussi, dans ce monde, qui nous considérera séparément? Comment négocier avec la Chine ou avec les pays d'Europe? Des pays comme l'Équateur ou l'Uruguay vont-ils négocier sur un pied d'égalité avec la Chine? Ne sois pas méchant! Nous collecterons, ce que cela donne à collecter à un certain moment, mais jamais en termes d'égalité, car nous ne pesons pas.

C'est une chose pour le ministre des Affaires étrangères de l'Équateur, de l'Uruguay, etc., d'aller chacun parler seul. Un autre, c'est qu'on va au nom de toute l'Amérique latine. Hé, papa, c'est différent, c'est un autre pouvoir! Notre tragédie est la balkanisation.

En revanche, nous avons en notre faveur un ensemble de ressources naturelles très précieuses. Nous sommes probablement le continent de réserve le plus important au monde, mais nous allons avoir de grands défis.

Le monde continue de croître follement, il y a ceux qui disent que le Nigeria, par exemple, va avoir 700 millions d'habitants dans 40, 50 ans de plus. Je ne sais pas ce qui va se passer devant ça! En tout cas, dans ce cadre, l'intégration devient la priorité chronologique la plus importante de nos jours.

KINTTO LUCAS. L'Amérique du Sud a connu un moment important en termes d'intégration régionale, capitalisé plus clairement dans Unasur, un bloc qui, au-delà des différences politiques ou économiques des pays qui la composent, et de certaines faiblesses, a réussi à se poser en espace d'accords et de compréhension de la diversité et a généré un processus d'intégration différent.

Unasur, peut-être, était la proposition d'intégration la plus importante d'Amérique du

Sud. Ceux qui ont surgi auparavant, en plus d'être sous-régionaux, étaient conditionnés par le libre-échange, car ils pariaient sur cela, pas sur l'intégration.

Le Mercosur (Marché commun du Sud), par exemple, était une proposition issue du libre-échange du néolibéralisme. Bien qu'il ait traité plus tard des changements positifs avec l'émergence de gouvernements progressistes et qu'il soit actuellement une confluence fondamentale, il reste encore beaucoup à faire pour se consolider en tant que Mercosur sud-américain, qui est l'axe d'un modèle d'intégration productive des Amériques du Sud au sein de l'Unasur. La CAN (Communauté andine des nations), quant à elle, est apparue comme une proposition d'intégration différente, mais a finalement été absorbée par l'hégémonie néolibérale dans les années 1990.

De son côté, le Celac (Communauté des États d'Amérique latine et des Caraïbes) est né de la nécessité de consolider un large espace qui promeut un processus intégrateur issu de la pluralité latino-américaine, de processus plus diversifiés et complexes, mais sans la tutelle des États-Unis.

Celac et Unasur sont issus des pays d'Amérique latine et d'Amérique du Sud eux-mêmes et sont, avec toutes leurs difficultés, des processus d'intégration. L'OEA était un processus d'imposition et non d'intégration.

L'Alba (Alliance bolivarienne pour les peuples de notre Amérique) a émergé comme une proposition contre l'Alca (Zone de libre-échange des Amériques), une autre tentative d'imposition des États-Unis, et a mis en œuvre des processus complémentaires et de solidarité créant des propositions intéressantes d'intégration productive. Cependant, il a manqué de renforcement institutionnel et de développement pour parvenir à sa consolidation.

Unasur s'est positionné comme une proposition d'intégration d'un point de vue politique, menant des actions transcendantes pour résoudre les conflits, consolider une vision de défense de la démocratie commune, renforcer des politiques sociales et de défense inclusives, voire se positionner comme un bloc à prendre en compte niveau mondial dans le développement d'un monde multipolaire.

Cela a montré que, dans les différences, certains accords peuvent être conclus qui partent d'un point central: pour être compétitifs et se faire entendre, pour être respectés dans un monde de blocs, nous devons construire et participer à un collectif compact d'un point de vue géographique. toute l'Amérique du Sud.

Cependant, pour projeter l'intégration en Amérique latine et en Amérique du Sud, une base symbolique doit être créée qui soutient et contribue à une culture d'intégration au-delà de la béquille de la *Patria Grande* (se référant à l'union de toute l'Amérique latine). Il n'y a donc pas eu de changement culturel dans nos pays et il n'y a pas non plus de culture d'intégration

De nombreuses erreurs ont été commises et il a fallu approfondir le modèle d'intégration au-delà des organisations créées elles-mêmes, mais ce fut un moment intéressant, peut-être l'un des plus intéressants de l'histoire de l'intégration latino-américaine sans cesse retardée. Cette possibilité s'est-elle évanouie? L'avions-nous fermé au cours de ces années?

JOSE MUJICA. Nous l'avons fait de près, mais nous nous sommes absorbés dans nos projets nationaux, dans nos préoccupations respectives. Ce fut le plus grand échec des gouvernements progressistes et c'est cruel de le dire, mais il faut le dire pour que les générations issues des progressistes le disent clairement et commettent leurs erreurs mais pas les nôtres, me semble-t-il. Je dirais plus, pour moi cette intégration est une condition sine qua non.

Je ne pense pas que le socialisme puisse être créé dans le cadre des pays pauvres, avec cela je ne veux pas dire qu'en tant que pays riche, nous allons passer au socialisme, non plus, le socialisme est le fils d'un pays riche, mais ce sont des conditions sine qua non. L'autre élément fondamental est l'intégration, ayant une masse critique, notamment dans le domaine de la recherche et de la science, que nous n'avons pas.

Nous sommes très loin, car s'il n'y a pas de recherche propre, si vous ne contrôlez pas la science et la technologie, il n'y a pas de souveraineté créative pour l'avenir, vous êtes dépendant.

Regardez ce qui se passe dans le monde, il s'avère que *Bayer* achète maintenant à *Monsanto* et que les Chinois sont en train de réparer avec *Syngenta* et *Doptone*. Que va-t-il donc se passer? Il y aura trois groupes économiques qui produiront les graines du monde, avec tout ce que cela signifie pour l'agriculture du monde ...

KINTTO LUCAS. Celui qui contrôle les graines contrôlera en quelque sorte la nourriture du monde. Où sera la souveraineté alimentaire?

JOSE MUJICA. Tous les agriculteurs du monde vont être les médiateurs de ces entreprises, car nous allons travailler pour eux. Comment y faire face? Vous rendez-vous compte de ce que cela signifie? Peut-on parler de souveraineté sans propriété du savoir? Non! Donc, pour moi, l'intégration est une priorité chronologique, et parce que c'est une priorité chronologique, elle nous force politiquement.

Il faudrait jeter la fameuse clause démocratique dans la rue, car c'est une bonne clause pour que, retirez-moi cette paille, nous soyons divisés. Si l'intégration est une grande cause, elle doit conditionner tout le reste. Et s'il y a une dictature, je miserai tranquillement dessus tant que je ne serai pas torpillé par l'intégration.

Je mets un cas extrême, et je dis que je dois miser dessus parce que si je ne le fais pas, au nom de la démocratie, l'intégration déjà construite peut être rompue. Aussi, si j'attends que tous les Latino-Américains soient socialistes pour s'intégrer, au revoir.

J'ai une vision de socialisation, je ne peux pas y renoncer, mais de quel socialisme peut-on parler d'un pays isolé d'Amérique latine? Nous sommes fous! Cette discussion existait déjà à l'époque de Trotsky et Staline, non? Dans le monde d'aujourd'hui, pire! Pour dire que nous allons faire un pays socialiste, ne vous trompez pas!

KINTTO LUCAS. Justement, et nous ne mentons pas aux gens quand nous leur disons que nous créons le socialisme du 21ème siècle et inventons toute une histoire pour le justifier théoriquement? Ou inventons-nous le socialisme du bien vivre et d'autres histoires?

JOSE MUJICA. Bien sûr, ce sont des chimères que nous semons. Nous réparons, essayons de réparer et de rendre moins agressif ce capitalisme dans lequel nous vivons. Nous visons autant que possible à développer un certain germe de socialisme, mais à partir de là ... rien de plus. Et nous ne pouvons pas compter les gens ...

Comme je l'ai déjà dit: la masse critique dans son ensemble est décisive pour moi, car si nous réalisons un espace commun, les choses changent, les choses commencent à changer, parce que nous avons là une autre stature dans le monde. Et pour considérer le socialisme, il est indispensable d'avoir une masse critique.

KINTTO LUCAS. Mais il y a des fondations que nous pouvons construire sans dire que nous allons au socialisme. Il y a certains points fondamentaux qui doivent être approfondis et peuvent être approfondis. La consolidation d'une démocratie citoyenne dans le sociopolitique n'est pas une chimère; une révolution agraire qui a des effets sur le social et le productif et qui est liée à la consolidation de la souveraineté alimentaire; la construction d'une plus grande participation citoyenne d'un point de vue politico-organisationnel; et le renforcement économique de l'économie sociale et solidaire. Pour moi, le socialisme sera toujours le socialisme, au-delà du fait qu'il doit être adapté à la réalité concrète de chaque moment historique.

Je me souviens qu'en 1992, avant le 500e anniversaire de la conquête, j'ai écrit un court essai sur le socialisme latino-américain et ses particularités. Ce qu'on appelle en Équateur ou en Bolivie « Buen Vivir » ou « Sumak Kawsay » n'est pas synonyme de socialisme, mais c'est un point important dans la construction d'un chemin de libération nationale.

C'est une manière d'incorporer certaines particularités de l'Amérique latine dans une pensée socialiste, à partir d'une pensée métisse. L'erreur est de faire croire aux gens que vous êtes déjà dans le socialisme, ou que vous avez fait une révolution, quand vous n'avez même rien fait pour traiter un changement culturel et créer, au moins, des citoyens ...

En ce sens, il y a une question qui est également prioritaire, mais elle est contradictoire, comme l'environnement. Vous avez revendiqué la question dans différents forums mais en particulier dans les 20 ans Eco, avec un discours qui a eu un grand impact. Mais comment surmonter la contradiction qui a surgi entre la nécessité de sauver l'environnement que certains disent et la nécessité d'extraire les ressources naturelles pour surmonter la pauvreté que d'autres revendiquent?

JOSE MUJICA. Le besoin épouvantable d'extraire les ressources naturelles est la fille de la culture consumériste fonctionnelle du capitalisme. Nous avons créé une civilisation des déchets, qui est basée sur l'invention d'un certain nombre d'appareils et de problèmes, qui doivent également être de courte durée, car vous devez les jeter rapidement pour que d'autres choses viennent les remplacer ...

L'accumulation de déchets devient un problème endémique dans le monde entier, l'expression de cela est de l'autre côté de la défense de l'environnement ...

La première défense de l'environnement est la culture humaine, si nous attaquons la nature avec ce gaspillage d'énergie et de moyens, l'environnement est condamné. Donc, tout dépend de la culture humaine, si nous voulons tolérer que le capitalisme fasse ces choses, nous avons remplacé le Dieu religieux par le Dieu du marché, qui est celui qui organise notre vie, alors disons que nous sommes des écologistes.

L'écologie, en tant que philosophie en soi, si elle n'est pas imprégnée du drame politique humain, est comme le rêveur qui veut humaniser le capitalisme. Ce type ne supporte pas l'humanisation, parce que le capitalisme est fait pour générer des profits, une plus-value. C'est que, vous ne pouvez pas le résoudre, il n'y a aucun moyen de l'humaniser, vous ne le changerez pas. Les plus grands écologistes changent de voiture, ils ne peuvent pas renoncer à beaucoup de choses, ils consomment et consomment ... Donc nous sommes dans le même.

KINTTO LUCAS. (Rires) Et il y a les villes ... de plus en plus invivables ... Vous devez vous souvenir d'un tango d'Astor Piazzola et d'Amelita Baltar, dans lequel ils se sont demandé, il y a de nombreuses années, pourquoi les villes? Mais la ville est devenue l'axe central de la vie dans de nombreux pays. Il a cessé d'être un lieu et est devenu un personnage qui peut parfois dévorer et parfois oublier les gens qui le traversent. La ville actuelle abrite des êtres nomades, habitants du monde plutôt que du quartier. Les locataires de la vie qui le traversent avec une incertitude de remorquage et de solitude. Des types humains qui remettent en question leur appartenance à un lieu mais s'adaptent au voyage.

Toutes les villes leur appartiennent et pourtant aucune ne leur appartient. Ce sont les voyageurs éternels d'une époque marquée par le déracinement. Pour l'amitié via *facebook*, la réalité vécue sur *twitter*, la mémoire retrouvée en *selfie*, *instagram* ou n'importe lequel de ces réseaux sociaux qui peuvent aussi être antisociaux. La mondialisation a mis toutes les villes à portée de main et les a pourtant éloignées de la sensibilité, les a déshumanisées.

La ville devient le théâtre précis de la représentation. Nous sommes tous des personnages dans une grande intrigue. Le *selfie* éphémère et momentané peut être une preuve irréfutable d'être passé quelque part et en même temps une autre ironie de la ville, car il ne représente souvent que la réalité. Ce n'est pas de la tromperie, c'est juste l'ajustement de la réalité. Le *selfie* est une forme de pouvoir éphémère. Parfois un document fidèle et parfois il ne peut plus remplacer la ville mais le sujet qui le transite.

Le *selfie* est aussi une façon de voir. La réalité se construit à travers ce que tout le monde voit. Les habitants de la ville vivent à partir d'images créées par leur regard. Ces images sont comme des métaphores de la relation avec leurs voisins et leur environnement. La confluence de la réalité-image-imagination-hyperréalité est un élément essentiel de la ville d'aujourd'hui. Mais cette ville actuelle a son adversaire dans la ville de la mémoire, celle qui refuse de disparaître. Il peut donc y avoir un contraste, souvent tendu avec le passé, lorsque la ville de la mémoire sauve l'histoire sociale ou personnelle pour la confronter à l'oubli.

JOSE MUJICA. C'est cruel, cela n'a aucune pitié. Mais c'est un fait, regardez, regardez (en montrant les bâtiments) nous avons des gens entassés dans la ville, nous avons inventé ça ... Ensuite, nous devons dépenser de l'énergie en tas pour faire tout cela fonctionner ...

Puisqu'il ne nous donne pas la vie pour résister à la circulation, nous devons forer par le bas (rires). Selon la loi!, Vous devez tout percer de plus en plus pour que plus de voitures entrent ...

Pará!, Les plus petites villes sont plus humaines, vous pouvez aller au travail à vélo ou à pied, peu importe si vous êtes proche… Ce sont des villes plus familières et on peut être sur un trottoir tranquille, ou utiliser un train et d'autres types de transport, mais avec une certaine mesure humaine.

La civilisation a fait le saut des petites villes. La civilisation hellénique a grandi dans de petites villes. Lorsque la ville a grandi, ils ont fondé une colonie ou une autre ville.

Ces mégalopoles que nous faisons sont des jungles de ciment, des incubateurs de solitude, car elles sont faites par l'immobilier, par les entreprises, pour obtenir une plus-value, pas pour le bonheur humain.

Et c'est là que réside le paradoxe, il y a des milliers de maisons sans personnes et des milliers de personnes sans maisons ... Nous devons tout repenser, parce que nous avons les instruments pour cela, nous avons les instruments pour changer cette réalité ...

KINTTO LUCAS. Cela ne nous amène pas à la question des réseaux sociaux, qui sont là et dont les gens vivent, et finalement il semble que des amis les aient sur les réseaux sociaux, pas dans le quartier. Il y a aussi de moins en moins de quartiers comme ceux dans lesquels nous avons grandi, dans lesquels il y avait une relation amicale, presque communautaire. Comment pouvez-vous construire un monde plus proche avec cette réalité?

JOSE MUJICA. Dans la vieille civilisation grecque, rien n'était trop dit, alors ce qui est un formidable instrument devient une dépendance et un esclavage. Les gens sont réduits en esclavage, si nous commençons à regarder la rue, il y a les couples dans un bowling, des jeunes hommes qui, au lieu de se dorloter, se tenant la main, s'embrassant, regardent un petit écran, non? C'est fou ...

Parfois, je pense que si l'être humain a atteint le sommet de ce qu'il peut, parce que nous devons arrêter de raisonner en tant que pays, même en tant que continent, pour commencer à raisonner beaucoup plus en tant qu'espèce ...

Il y a eu plusieurs globalisations dans l'histoire, par exemple, l'Empire chinois était une mondialisation en son temps, Rome était une mondialisation brutale, il faut voir combien de temps elle a duré, mais il y avait toujours un épicentre politique, un commandement. Il avait beaucoup de bottes militaires, incontestables, car toutes les mondialisations se faisaient à un rythme redoublé, mais avec un leadership politique.

Cette mondialisation est plus intense que n'importe quelle autre car elle se propage un mode de vie plus ou moins similaire sur toute la planète, avec certaines valeurs moyennes similaires, mais elle n'a pas de commandement politique, le commandement est diffus, c'est le marché lui-même, c'est comme une civilisation ça marche et ça fonctionne sans intelligence ... je n'ai jamais vu une telle chose ...

C'est comme une intention anonyme qui nous gouverne, car en réalité la mondialisation nous gouverne, nous ne la gouvernons pas, nous en souffrons. Je me pose donc cette question: avons-nous atteint les limites de ce qu'un être humain peut donner? L'être humain comme capacité politique d'autonomie gouvernementale. Je ne sais pas, je n'ai pas de réponse et je suis bouleversé, mais nous devons commencer à poser ces questions.

D'un autre côté, le discours politique contemporain n'est que passionné, et si dans le discours de l'Europe vous cherchez une idée intéressante qui vous fait réfléchir, vous n'avez pas de chance, vous ne trouverez rien. J'ai été perplexe d'entendre le discours de Hollande, par exemple. Vous pensez toujours à cette mythologie de la Révolution française, que sais-je, pure absurdité. La social-démocratie allemande a disparu, a disparu! Donc, je ne sais pas, vous voyez à peine une lueur dans «Unidas Podemos», une pensée différente qui apparaît dans cette Espagne, mais presque rien. Aux États-Unis, je ne vous le dirai même pas, Obama est un radical de gauche à côté de ce qui s'en vient, y compris Mme Clinton.

Il est intéressant qu'un candidat soit apparu qui avait une université très intéressante, comme Sanders, parce que le meilleur des États-Unis est dans les universités. Vous y trouverez un monde qui vous remplit de joie et d'espoir et la même chose se produit dans d'autres universités du monde.

Le meilleur de l'Angleterre est à Cambridge, au moins il y a des gens qui pensent! Je l'ai également vu en Turquie, au Japon, il y a un jeune universitaire qui n'est pas conforme au monde dans lequel ils vivent, bien qu'ils ne sachent pas où ils vont s'emparer, mais ils ne sont pas séparés du monde dans lequel ils doivent vivre, et cela donne un peu de espérer.

Je veux dire, je veux transmettre un sentiment complexe. En Uruguay, nous avons rencontré un prolétariat dans lequel nous parions beaucoup d'espoir et de rêves, vêtu de saumure, utilisé pour porter une casquette en cuir ou rugueuse, avait un énorme look viril, parfois, à un rythme redoublé, est venu le 8 octobre ou d'autres avenues pour étape prolétarienne.

Maintenant, il me semble que la classe la plus révolutionnaire qui vient va être dans une robe, entre dans les universités, ils vont être des travailleurs qualifiés de l'enseignement supérieur, pas pour des raisons humaines, mais c'est le système lui-même en raison du progrès technologique qui va requérir. Ce sera le travailleur qui laissera plus de plus-value, mais il sera beaucoup plus difficile à abaisser, plus difficile à gérer pour lui. Peut-être que sa faiblesse est qu'il sera beaucoup plus moderne.

KINTTO LUCAS. Retrouver le vieux Pepe sur le chemin de la vie apporte toujours des émotions et des souvenirs, et bien sûr, plus qu'une interview, c'était une conversation entre deux collègues. Mais avant de terminer, il est impossible de ne pas parler de l'un des leaders politiques et sociaux les plus importants de l'histoire de l'Uruguay, qui avait une signification latino-américaine, malgré le moment historique qu'il a dû vivre: Raúl Sendic, un penseur avancé de son temps, fondateur des tupamaros, quelqu'un dont nous ne pouvions pas arrêter de parler, et raconte aussi la force de ces Quichotte qui ont rejoint les guérilleros tupamara ...

JOSE MUJICA. Sendic était un compatriote intellectuel, très rare, la chose la plus étrange. Conquérant de gens autour du poêle, de petites foules, mais des foules à la fin, et engagé dans le rêve de transformations sociales, mais très terre-à-terre, surtout au stade le plus avancé de sa vie.

Hétérodoxe par nature, défenseur de Rosa Luxemburg dans le domaine de la pensée, incroyable prévisionniste de la chute de l'Union soviétique, de ce qu'on a appelé le bloc socialiste, je ne sais pas comment il avait détecté des symptômes de la maladie que d'autres n'avaient pas détectés. Et qu'il a contribué à faire partie de notre héritage entre socialiste et libertaire, ceux d'entre nous qui ont eu la chance de l'avoir connu, d'avoir marché avec lui.

Très probablement, sa contribution la plus importante à ceux qui l'ont connu, à ceux qui ont marché avec lui, a été d'être un ami de la liberté de pensée anti-schémas, cette liberté provocante de, dans le droit ou dans l'erreur, penser avec sa propre tête, est une chose que beaucoup d'entre nous le lui doivent. Et bien, c'était une figure anti-figure ...

KINTTO LUCAS. Après avoir passé en revue tant de personnes laissées sur la route, tant de luttes, une question se pose au milieu des souvenirs et des conversations. Vous êtes-vous déjà demandé si le combat que vous aviez engagé en valait la peine?

JOSE MUJICA. Oui, bien sûr ... Nous sommes enfants de circonstances, d'un moment de l'histoire du monde, aussi d'Amérique, et notre rêve était de changer la société et l'essence de la société capitaliste, afin d'atteindre un chemin de pouvoir, d'opérer des transformations grâce à la constitution d'un nouveau bâtiment de la citoyenneté.

Bien sûr, nous ne pouvions pas voir les difficultés, nous sommes des petits-enfants d'un rationalisme extrême et nous avons eu un paquet de conviction, qui était naïf face aux complexités de l'histoire. Et nous avons fait un petit progrès, nous ne savons pas trop quoi faire, mais nous ne savons pas quoi faire ...

KINTTO LUCAS. Mais c'est assez ...

JOSE MUJICA. C'est suffisant, nous ne sommes pas sur un record zéro. Maintenant, d'un point de vue individuel, je pense qu'à cette époque, nous avons vécu la meilleure étape de notre vie, parce que nous sommes allés au combat des années cinquante, avec un altruisme qui doit aujourd'hui sembler fantaisiste et fictif. Nous avons tout laissé sur la route: famille, dépassement, sécurité, nous avons mis le cuir en jeu, nous avons hypothéqué les années de notre jeunesse, qui étaient parties ...

Ce fut un moment de merveilleuse explosion de la force intérieure des gens qui croient en quelque chose et établissent à quel point l'être humain est capable de croire en quelque chose ... Quelle force nous avions! Quelle force!

Nous le désirons bien sûr et surtout nous aspirons à ne pas pouvoir le transmettre aux nouvelles générations. Nous le vivons dans un moment, dans une étincelle d'histoire, dans le monde d'aujourd'hui c'est impensable. Tant de Don Quichotte, tant de poésie, c'est impensable ...

---

(1)   Le vieux Andrés Cultelli, un activiste socialiste reconnu qui a rejoint le MLN-T dans les années 1960. Il est décédé il y a quelques années.

Kintto Lucas

Écrivain et journaliste uruguayen-équatorien.
Master en études avancées en littérature
espagnole et latino-américaine de l'Université
de Barcelone. Prix de journalisme latino-
américain José Martí 1990. Vice-chancelier de
l'Équateur, 2010-2012. Ambassadeur itinérant
de l'Uruguay pour l'UNASUR, la CELAC,
l'ALBA et l'intégration, 2013. Plume de
dignité de l'Union nationale des journalistes de
l'Équateur 2004.

Il a été professeur de journalisme et
d'actualités politiques et géopolitiques et
chargé de cours dans diverses universités,
institutions publiques et organisations
internationales. Conseiller de l'Assemblée
constituante de l'Équateur, 2008. Il a été
directeur et rédacteur en chef de divers
journaux et magazines, correspondant de

l'Inter Press Service Agency et a écrit pour divers médias latino-américains et européens. Il a reçu la décoration du mérite du Grand Cross Degree du gouvernement du Pérou et le bouton d'or Ho Chi Minh du Vietnam.

Certains de ses livres sont: *Rébellions indigènes et noires en Amérique latine*; *Femmes du 20e siècle*; *La rébellion indienne* (en anglais avec le titre *Nous ne danserons pas sur les tombes de nos grands-parents. Soulèvements indigènes en Équateur*); *Plan Colombie. Paix armée*; *Le mouvement indigène et les acrobaties du colonel*; *Aromatisé avec un objectif -football et journalisme-*; *Rafael Correa: un étranger à Carondelet*; *La guerre à la maison - de Reyes à la base de Manta -*; *Tel quel - le chemin de José Mujica vers la présidence*; *L'Arche de Réalité –de la culture du silence aux wikileaks-*; *Portraits écrits*; *Équateur Cara y Cruz: du soulèvement des années 90 à la révolution citoyenne* (Trois volumes); *Enrique Lucas et une question pour Pessoa*; *Scheherazade et autres histoires*; *Le naufrage de l'humanité*; *Faits et fictions: sur les livres, les écrivains et les lecteurs*; *Mercé Rodoreda, Barcelone et la «I-City»* ; *Comme dans Coven* et le roman récemment publié *Vivre c'est être un autre.*

Ne manquez pas le roman de Kintto Lucas

Vivre c'est être un autre

Bientôt en français

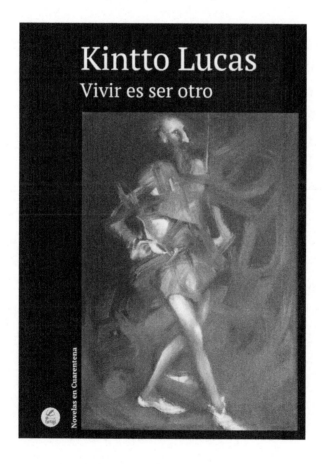

Un roman intense au milieu de l'amour. Une personnalité multiple pensant que "vivre, c'est être un autre". Un voyage entre folie et littérature. Salvador de Bahía, ses contradictions sociales et religieuses sous-jacentes. Un monde réel au milieu d'un monde surréaliste.

"Nous vivons dans un labyrinthe perpétuel essayant de trouver et d'être en désaccord. Cela dépend de la porte qui s'ouvre pour aller dans un monde ou un autre, ou dans un autre. Cela dépend de la porte qui s'ouvre pour aller dans la solitude, le sommeil ou la mort. La mort est toujours à une porte, tous les labyrinthes mènent à la vie et à la mort. Je suis plus intéressé à avoir la clé de chaque porte du labyrinthe, à pouvoir sortir et à entrer quand je veux, qu'à avoir la clé de la porte de ma maison . Une fois, je me suis senti perdu dans ce labyrinthe, pas maintenant. Maintenant je crois que les portes sont toujours une solution, même si elles vous mènent à une falaise. Même si elles ne vous mènent nulle part, les portes entretiennent l'illusion d'éviter le labyrinthe ".

«J'allais dans une église de ceux qui chantaient et criaient. Les pentecôtistes leur disent. Je me sentais bien. J'aimais y aller. C'était comme un choc électrique, mais sans choc, sans choc électrique, et après j'ai ressenti beaucoup de paix , sans hypnose ni pilules. C'était bien ce que je ressentais. Mais un jour je me suis fatigué et je n'étais plus ... ".

«Selon ma mère, Pomba Gira vous aide à maintenir ou à retrouver n'importe quel amour, il vous suffit de montrer que vous voulez vraiment qu'il vous aide, sinon il vous ignore. Ainsi, lors de la commande, vous devez montrer que dans chaque mot vous portez le désir de garder ou de récupérer cet amour. De plus, vous devez faire la demande doucement, comme si vous lui chuchotiez à l'oreille, pendant sept jours. Selon ma mère, cela n'échoue pas, personne à Pelourinho n'a échoué. Si cela m'a échoué, il c'est parce que je n'ai pas tout mis le coeur dans l'ordre… ".

«… Je pense que l'imagination nous a parfois conduit à la folie, et la folie au bonheur, et le bonheur à la tristesse, et la tristesse encore à la folie. Notre plus grande sorcellerie était de faire l'amour de toutes les manières, avec tous les sens. L'amour était notre libération. C'était aussi notre plus grand bonheur, notre folie vitale ».

"La sortie n'est pas et ne sera pas une fuite. De plus, il est impossible de s'échapper de soi-même. Il n'y a pas de portes par lesquelles sortir de soi et le cerveau n'est pas une porte de secours. Le cerveau est notre labyrinthe et notre prison."

"Être avec lui, c'était comme être au paradis. Son beau nom persan signifie" comme le paradis. "Mais je n'ai jamais su pourquoi ses parents l'avaient mis mais ils n'avaient rien à voir avec la Perse. Peut-être parce que son père était médecin et admirait le Médecine persane, basée sur la médecine européenne et occidentale. On disait que parfois le hasard faisait commencer l'amour par le nom. Son nom était le miroir du mien. Mon nom était le miroir du sien. Je me regardais en lui et il se regardait dans lun ".

"Les centaines de tentes nous ont fait imaginer une ville de fourmis. Des millions de familles sans terre s'étaient transformées en millions de fourmis dans tout le Brésil."
"Soudain, des éclats d'obus se lèvent et des paysans commencent à tomber. Nous courons

et tombons par terre, d'autres se cachent dans des fossés devant les maisons ... Des cris et des cris se font entendre de différents côtés. Pendant plusieurs heures les balles bourdonnent. Mais finalement, Face avec tant de monde, la brigade recule. Les policiers s'éloignent vers la route et n'attaquent plus. Petit à petit on se rassemble tous sur la place. Les tâches sont partagées: certains vont au camp, d'autres aident à emmener les blessés dans les petits hôpital ".

«Un jour, je partirai, comme si la vie était un voyage permanent. Je quitterai Salvador et je retournerai dans le sud. Quand je commencerai mon retour à Montevideo, je me rendrai peut-être compte que je voyage en fait vers moi-même. Vers la graine que le les gens apprécient tellement. sans terre et sans tous les paysans. Je ne sais pas pourquoi, mais il me semble que ce sera comme retourner à Ithaque. "

«Chacun prend son temps en fonction de ce qu'il a vécu, ai-je pensé. Puis je me suis levé, j'ai marché dans le couloir, j'ai regardé par la fenêtre, j'ai ouvert la porte de ma chambre et j'ai continué à marcher. Fini le labyrinthe, la maison blanche avec un haut mur, les robes blanches et quelques souvenirs, jusqu'à ce qu'ils me forcent à revenir ... Ce sera un voyage très difficile. Les voyages, souvent, sont trop durs, dit un voisin, qui regarde le mur comme s'il s'agissait d'un rideau qu'il veut lever ».

«Il me vient à l'esprit que si nous utilisons la méthode de Stanislavski sur de faux politiciens, sur ceux qui dirigent le monde, sur des traîtres, peut-être pourrons-nous mieux les connaître avant, et ainsi voir avant ce que sera leur performance. Enfin, chacun a un moi qu'il montre publiquement et un moi avec lequel il agit en privé, dans l'ombre. Les traîtres, par exemple, ont un moi qu'ils montrent publiquement dans leurs relations et leur vrai moi en tant que traîtres. Cette réflexion est un peu folle… ».

Pessoa et ses autres poètes, Stanislavski et ses acteurs. Ils me disent que je deviens fou, que la littérature, le cinéma et l'amour me rendent fou. Je ne sais pas, peut-être, ou ce sera que ma rationalité est finalement vaincue. Tant de folie conservée, peut-être a-t-elle éclaté. Je ne suis pas inquiet d'apprendre que je semble avoir une personnalité différente. Ni qu'en lisant autant Pessoa, je m'assume comme l'un de ses hétéronymes. Cela m'inquiète de savoir que c'est peut-être une conséquence de mes insécurités autour de ma poésie. Est-ce que je n'assume pas une autre personnalité parce que j'ai peur d'écrire? Parce que je ne crois pas en ce que j'écris »

«Ici, celui qui meurt laisse la douleur dans un lit ou une chaise. La douleur persiste même si la personne part. Nous marchons toujours avec notre douleur à un prix et à la fin nous la laissons là ».

«La vie n'est pas une salle de classe où tout se répète de mémoire pour venir me dire que je suis malade car parfois je perds la mémoire. Il y a un poète portugais qui, en faisant autant de poésie et en réinventant la vie, est devenu des dizaines de poètes. Peut-on dire alors qu'il souffrait d'un trouble dissociatif de l'identité ou d'un trouble de la personnalité multiple?

«Parfois, nous réagissons par intuition, comme si tout était facile à savoir. Ensuite, le cerveau se met à la place du cœur et les émotions le détournent. L'amour et la douleur le kidnappent, la tristesse et la joie le kidnappent. Le cerveau est abasourdi et a l'air abasourdi par son émotion, par le choc du sentiment et là on réagit sans savoir qu'on trompe le solitaire ».

«Le cerveau nous fait parfois agir comme des juges de football, qui jugent le moment. Alors on se laisse emporter par leurs vêtements, par d'où ils viennent, par leur tendance sexuelle, par la couleur de leur peau, par leur savoir, par leur argent, en étant différents… ».

«… Elle est la Reine des Sept Carrefours et est, peut-être, tant de femmes, en avance sur son temps, des combattantes, profondément belles, profondément vitales dans leur sexualité et leur plaisir, maintes fois persécutées, parfois sans mort tranquille par quoi vous continuez à vous réincarner en essayant de libérer votre âme. De nombreuses sorcières des couvents, tuées dans les feux de joie barbares de l'Église catholique, portaient une Pomba Gira à l'intérieur. Rojas, des révolutionnaires comme Olga Benario ou Rosa Luxemburg portent Pomba Gira sur leur corps. Ils sont la passion vitale… même si la tristesse n'a pas de fin… ».

Printed in Great Britain
by Amazon

85935201R00088